연구보고서 2024-34

자활지원제도의 역사적 경험과 활용 방안 연구

정은희
고혜진·노대명·이상아·조보배

KOREA INSTITUTE FOR HEALTH AND SOCIAL AFFAIRS

한국보건사회연구원
KOREA INSTITUTE FOR HEALTH AND SOCIAL AFFAIRS

연구진

연구책임자	정은희	한국보건사회연구원 연구위원
공동연구진	고혜진	한국보건사회연구원 부연구위원
	노대명	한국보건사회연구원 선임연구위원
	이상아	한국자활복지개발원 선임연구원
	조보배	한국보건사회연구원 연구위원

연구보고서 2024-34

자활지원제도의 역사적 경험과 활용 방안 연구

발 행 일 2024년 12월
발 행 인 강 혜 규
발 행 처 한국보건사회연구원
주   소 [30147]세종특별자치시 시청대로 370
          세종국책연구단지 사회정책동(1~5층)
전   화 대표전화: 044)287-8000
홈페이지 http://www.kihasa.re.kr
등   록 1999년 4월 27일(제2015-000007호)
인 쇄 처 ㈜정인애드   10,000원

ⓒ 한국보건사회연구원 2024
ISBN 979-11-7252-051-9 [93330]
https://doi.org/10.23060/kihasa.a.2024.34

발|간|사

자활지원제도는 복지정책사에서 매우 중요한 의미를 가진다. 자활지원제도는 근로빈곤층에 대한 우리나라 최초의 종합지원체계이자, 민간과 정부가 협력하여 '보호된 시장'을 만드는 최초의 실험이었다. 이러한 실험을 통해 자활사업에 참여한 주체들은 우리 사회에서 사회적경제 기반을 다지는 데 기여했다.

2025년은 민간 주도 자활지원사업 시범사업이 시작된 지 30주년이 되는 해이다. 지난 30년 동안 자활지원사업에 참여한 주체들의 기록은 체계적으로 수집되거나 보존된 적이 없다. 특히 민간의 자료는 소실될 위험마저 있다. 공공의 기록은 정부에 의해 체계적으로 보존되고 관리되지만, 민간의 기록은 보존할 주체나 책임이 정해져 있지 않기 때문이다.

자활지원사업에 대한 기록은 정부와, 사업을 담당한 민간과 학계의 역할과 노력에 대한 기록이자 우리 사회의 근로빈곤층에 대한 생애사 기록이기도 하다. 이에 본 연구는 자활지원사업에 참여했던 주요 주체들의 자료를 수집·분류하여, 〈역사자료 아카이브〉를 구축하는 것을 목적으로 기획되었다. 구축된 아카이브는 정책연구자, 행정 실무자, 민간 실무자뿐만 아니라, 일반 대중에게 공개하여 정책연구나 교육자료로 활용할 수 있을 것으로 기대한다.

이 보고서는 정은희 연구위원의 책임하에 본원의 노대명 선임연구위원, 고혜진 부연구위원, 조보배 연구원이 연구진으로 참여했으며, 한국자활복지개발원의 이상아 박사가 공동연구진으로 참여했다. 이 연구가 진행되는 동안 자문위원으로서 유익한 의견을 주신 이현주 선임연구위원과 강원대학교 백학영 교수에게 감사드리며, 익명의 평가위원에게도 감사의 마음을 전한다. 연구진이 수집 정리한 자료 데이터를 접근이 용이하도록 온라인상에 아카이브를 구축하여 서비스를 제공할 수 있도록 도움을 주신 학술정보팀의 강소선 팀장에게도 감사드린다. 마지막으로 소장한 자료를 기꺼이 기증해주신 한국보건사회연구원의 노대명 선임연구위원, 이태진 선임연구위원, 대한 성공회 송경용 신부, 김홍일 신부, 관악자활센터 김승오 센터장, 한국사회직경제연구회 김신양 부회장, 민간에 흩어진 자료를 수집하여 제공해준 한국자활복지개발원과 한국지역자활센터협회 측에 감사드린다.

2024년 12월
한국보건사회연구원장 직무대행

강 혜 규

목차

요 약 ··· 1

제1장 서론 ·· 5
제1절 연구의 필요성과 목적 ·· 7
제2절 연구 방법 및 연구 내용 ··· 18

제2장 자활지원제도의 개념과 역사 ·· 29
제1절 자활지원제도의 개념과 범위 ·· 31
제2절 자활지원제도 역사의 시기 구분 ··· 34
제3절 민간활동과 정부의 개입 ··· 40
제4절 시범사업과 제도화 ··· 46

제3장 국내외 아카이브의 구축 사례 ·· 73
제1절 아카이브의 기능과 특성 ··· 76
제2절 국내외 역사자료 아카이브 사례 ··· 81
제3절 역사자료 아카이브의 구축 방향 ··· 95

제4장 자활지원제도의 역사자료 아카이브 구축 결과 ························ 103
제1절 자활지원제도 아카이브 구축 결과 ·· 105
제2절 자활지원제도 역사자료 목록 ·· 110

제5장 자활지원제도 아카이브의 활용 방안과 향후 과제 ·················· 163
제1절 자활지원제도 아카이브 활용 방안 ·· 165

제2절 향후 과제 ·· 169

참고문헌 ·· 171

Abstract ··· 179

표 목차

KOREA INSTITUTE FOR HEALTH AND SOCIAL AFFAIRS

〈표 1-1〉 자활지원사업 사료 수집 방법 ·· 20
〈표 1-2〉 더블린 코어 방식의 메타데이터 구성 요소 ······························ 22
〈표 1-3〉 자활지원사업 자료에 대한 메타데이터 ····································· 23
〈표 1-4〉 자료의 수집 범위와 유형 ·· 26
〈표 2-1〉 문헌별 자활지원제도의 역사적 시기 구분 ······························· 39
〈표 2-2〉 1997년 자활지원센터 지정 현황 및 사업 내용 ······················· 57
〈표 2-3〉 초기(1996~1999) 자활지원센터 지정 현황 ······························ 61
〈표 4-1〉 자활지원제도 아카이브의 자료제공 기관(개인)별 자료 비중 ··········· 106
〈표 4-2〉 자활지원제도 아카이브의 시기별 자료 비중 ·························· 107
〈표 4-3〉 자활지원제도 아카이브 자료의 유형 ····································· 108
〈표 4-4〉 자활지원제도 아카이브 자료 목록 ·· 110

그림 목차

[그림 2-1] 자활지원센터 역할 모형(안) ·· 60
[그림 2-2] 자활사업 대상자별 흐름도 ·· 65
[그림 2-3] 자활정보센터의 기능과 역할 ··· 71
[그림 3-1] 한국 국가기록원의 디지털 아카이브 관리시스템 ···················· 82
[그림 3-2] 한국 대통령기록관 아카이빙 ··· 83
[그림 3-3] 국립중앙도서관 디지털 컬렉션 ·· 84
[그림 3-4] 미국 국립문서기록관리청의 디지털 아카이빙 시스템 ············· 85
[그림 3-5] 영국 국립기록원의 디지털 아카이빙 ······································· 86
[그림 3-6] 프랑스 국립도서관의 디지털 아카이빙 시스템 ······················· 87
[그림 3-7] 일본 국립공문서관의 아카이빙 ··· 88
[그림 3-8] 한국보건사회연구원의 디지털 역사관 아카이브 ····················· 89
[그림 3-9] 한국자활복지개발원 아카이브 ··· 90
[그림 3-10] 한국자활지원센터협회 아카이브 ·· 91
[그림 3-11] 미국 미네소타대학미네아폴리스대학 사회복지사 아카이브 ··· 92
[그림 3-12] 미국 남캘리포니아대학 사회복시 구술사 아카이브 ·············· 93
[그림 3-13] 프랑스 CEDIAS - Musee Social의 디지털 아카이브 ············ 94
[그림 3-14] 프랑스 자활기업협회 아카이브 ··· 94
[그림 3-15] 역사자료 아카이빙의 단계 ··· 96
[그림 3-16] 역사자료 아카이빙을 위한 관리시스템 ·································· 97
[그림 4-1] 자활지원제도 아카이브(수정 예정) ·· 168

요약

　이 연구는 자활지원제도의 역사자료를 수집하고 체계적으로 정리하여 보존하기 위해 아카이브를 구축하는 것을 목적으로 수행한다. 자활지원 정책의 탄생과 전개 그리고 현재에 이르기까지, 정부, 학계, 시민사회단체, 재계 등은 다양한 정책 현안이나 사업 방식 등에 대해 지속적으로 입장을 표명해 왔다. 자활지원 정책의 형성과 변화에 영향을 준 다양한 주체들이 보유한 자료는 이제 자활지원제도 역사자료로서의 가치를 갖는다. 그러나 이 자료들은 별도의 관리체계가 존재하지 않는다는 점에서 시간이 지나며 소실될 위험에 처해 있다.

　정부의 공식 자료들은 국가기록물 관리 규정에 따라 보관되지만, 자활지원제도와 관련한 중요한 의사결정 시점에 어떤 논의들이 있었고, 다양한 참여 주체들이 어떠한 의견을 표명하였는지 판단할 수 있는 자료들은 관리와 보관에 취약하다. 제도 설계와 초기 사업모델 구축 과정에 참여했던 다양한 학자들과 실무자들의 논의 자료 또한 체계적으로 수집, 보관되고 있지 않다. 더 심각한 문제는 지역에 있는 자활지원센터 등 민간기관이나 실무자들이 생산한 자료들이 소실될 위험에 처해 있다는 것이다. 이 점에서 이 연구는 자활지원제도의 역사자료를 체계적으로 수집·분류·개방하여, 정책연구 및 학술연구 그리고 자활지원사업의 개편 방향을 수립하는 기초자료로 활용할 수 있는 자활지원제도 역사자료 아카이브를 구축하고자 한다.

　자활지원제도 역사자료 수집에서 수집할 자료의 시작 시기와 중요 자료가 무엇인지를 파악하기 위해, 문헌 고찰, 관계자 인터뷰, 연구진 간의 논의 과정을 거쳤다. 먼저, 문헌 고찰과 민간과 정부 및 학계 전문가의 인터뷰를 통해 제도 형성과 변화에 영향을 주었거나 그러한 변화를 파악할 수 있는 자료는 국가기록원, 국회도서관, 프리즘, 학술논문, 정책연구기관의 보고서 검색을 통해 수집했다. 개인 기증 자료는 인터뷰를 진행하는 과정에서 수집하였다. 한국자활복지개발원과 한국지역자활센터협회와 업무협약을 맺어 수집한 자료는, 먼저 보유 자료 리스트를 파악할 수 있는 정보를 제공받고, 다음으로 연구진이 의미 있다고 판단한 자료들을 요청하는 방식으로 수집했다.

수집한 자료는 더블린 코어 표준을 적용하여 메타데이터를 구성했으며, 아카이브는 ① 기록의 포괄성 ② 자료 수집 대상의 포괄성 ③ 이용자 편의성 및 체계적 관리를 위한 메타데이터 구성 ④ 사용자의 접근성 ⑤ 개인정보 보호 ⑥ 저작권 보호 ⑦ 아카이브의 지속 가능성을 고려하여 구축하고자 했다. 아카이브에 구축된 자료는 총 966건이다. 수집된 자료를 시기별로 구분하면, 1996년 시범사업 이전 시기까지의 자료는 21개이다, 수집된 자료 중 가장 낮은 비율인 약 8%가 이에 해당하지만, 이는 대부분 민간에서 기증한 자료이며, 현재의 자활지원제도의 원형을 파악할 수 있는 자료로서의 가치가 높다고 볼 수 있다. 가장 높은 비율을 차지하는 자료는 2011년부터 2015년 사이의 자료로, 전체 자료의 1/4에 해당한다. 자료의 유형은 절반 이상인 약 55%가 문서류이며, 32%는 단행본이다. 사진의 비율 또한 낮지 않은 11%이다. 이외에 정기간행물과 영상자료 등이 나머지에 해당한다.

이 연구에서는 자활지원제도 아카이브의 사용자로 일반 대중보다는 정책연구자나, 정부 당국자, 시민단체, 활동가를 우선적으로 염두에 두었으며, 구축 방식은 기존의 학술정보 자료 검색 및 제공 방식과 유사하게 설계했다. 이용자의 사용 편의성을 위해 해당 자료의 내용을 파악할 수 있는 요약을 제공하고, 주제별, 연도별, 자료 유형 등 주제어 검색을 통해 신속하게 원하는 자료를 검색할 수 있도록 구축하고자 했다. 아카이브에 쉽게 접근할 수 있도록 하기 위해 웹 기반의 오픈 엑세스(open access)

정책을 지향하고 있으며, 이를 위해 한국보건사회연구원의 전자도서관 홈페이지에서 아카이브에 접근할 수 있도록 하였다.

아카이브는 다양한 기록을 포괄할 수 있어야 함에도 이 연구에서 구축한 아카이브는 시간적, 지역적 범위 등에 한계가 있다. 1996년 이전의 자료는 매우 제한적으로 수집되었으며, 전국 단위의 자료에 초점을 두었기 때문에 지역의 자료는 매우 제한적으로 수집되었다. 이는 추후 지속적으로 보완해야 할 과제로 제안한다.

주요 용어: 자활지원제도, 근로빈곤층, 아카이브, 자활사업

제1장

서론

제1절 연구의 필요성과 목적
제2절 연구 방법 및 연구 내용

제1장   서론

제1절 연구의 필요성과 목적

1. 연구의 배경

역사자료 아카이브[1] 구축은 사회적으로 중요한 의미를 갖는 사건이나 정책과 관련해서 다양한 행위 주체의 기록을 수집·분류·공개함으로써 후대의 연구자가 그것을 보다 쉽고 체계적으로 활용할 수 있게 하는 데 일차적 목적이 있다. 물론 아카이브를 활용하는 목적은 역사적 진실을 규명하는 것일 수도 있고, 집단적 정체성을 확인하는 것일 수도 있다. 비판적 관점에서 보면, 과거를 재해석하는 일일 것이다.

한국의 복지정책사에서 자활지원제도의 위치는 매우 독특하다. 그 이유는 이 제도의 설계와 사업 개발, 그리고 사업 평가와 정책 환류에 이르는 전 과정에서 정부와 시민사회단체가 위계적 관계가 아닌 수평적 관계에 기반하여 민관 협력을 했던 실험적 성격을 갖기 때문이다. 물론 국내에서도 민관 협력을 통한 제도 설계와 집행 사례가 없었던 것은 아니다. 그러나 근로빈곤층의 자립을 지원하는 사업은 제도 시행 초기에 팽팽한 수평적 긴장 관계 위에서 활성화되었다는 특징이 있다. 이는 권위주의 정부 하에서는 생각할 수 없었던 것이기에 실험이라고 말해도 무방할 것이다.

---

[1] 아카이브(Archive)는 중의적 의미를 갖는다. 1) 정보로서의 지속적 보존 가치를 가진 다양한 문서, 사진, 동영상 등을 지칭한다. 2) 자료를 수집하고 보존하고 활용하는 역할을 하는 기관이나 단체를 지칭한다. 3) 아카이브 컬렉션을 보관하는 건물이나 저장소를 지칭한다(Millar, 2017, p.4).

또한 자활지원사업은 근로 연령층 경제활동의 역동적 성격 때문에 정부의 제도적 지원만으로는 성과를 거두기 힘들다는 특성을 갖는다. 지역에서 근로빈곤층과 긴밀한 관계를 형성하며 신뢰받고 있던 비영리 민간단체들의 지역사회 네트워크와 사업 경험이 필요했던 것이다. 다행히 1990년대 한국 비영리민간단체들은 정부 지원 없이 실직빈곤층의 취업과 창업, 보육사업을 수행한 경험을 축적하고 있었다. 자활지원센터와 생산공동체, 보육공동체 구성 등의 실험이 그것이다. 이 경험은 1997년 외환위기 이후 정부가 자활지원제도를 설계하고 시행 방안을 마련하는 데 큰 힘이 되었다.

국민기초생활보장제도는 2000년 10월 시행되기까지 준비할 시간이 길지 않았고, 각종 조세와 사회보장 분야의 행정 인프라는 모두 취약했다. 이는 자활지원제도 또한 마찬가지였다. 일차적으로 기초생활보장제도의 조건 부과 규정을 근거로 자립지원사업을 추진해야 했다는 점부터 걸림돌이 되었다. 근로빈곤층의 자발적 참여를 기반으로 했던 자립지원사업이 강제된 참여를 전제로 시행되어야 했기 때문이다.

따라서 자활지원제도의 시행 규정을 만드는 과정부터 정부 담당자와 연구자뿐 아니라 자활사업을 지원해본 경험이 있는 민간 실무자들의 참여가 필수적이었다. 이는 외환위기라는 긴박한 상황으로 인한 불가피한 협력적 과정이었지만, 내용적으로는 적지 않은 긴장 관계를 수반하는 것이었다. 어떤 법률 규정은 경제사회적 자립을 원하는 근로빈곤층의 현실에 적합하지 않았고, 민간단체들은 복잡한 행정절차에 따라 사업을 수행하는 일에 익숙하지 않았다. 물론 이 초유의 실험을 통해 만들어진 자활지원제도의 사업지침은 이후 시행 과정에서 많은 시행착오를 겪었고, 상당수는 수정되어야 했다. 이런 맥락에서 보면, 지금의 자활지원제도는 이 실험의 연장선에 있으며, 그 결과에 대해서는 다양한 해석을 기다리고 있다.

자활지원 정책의 탄생, 전개 그리고 현재에 이르기까지, 정부, 학계, 시민사회단체, 재계 등은 다양한 정책 현안이나 사업 방식 등에 대해 지속적으로 입장을 표명해 왔고, 이는 이제 자활지원제도의 역사자료로서의 가치를 갖는다. 하지만 이 자료들은 별도의 관리체계가 존재하지 않는다는 점에서 시간이 지나며 소실될 위험에 처해 있다.

정부의 공식 자료들은 국가기록물 관리 규정에 따라 보관되지만, 이 제도의 중요한 의사결정 시점에 어떤 논의들이 있었고, 다양한 참여 주체들이 어떠한 의견을 표명하였는지 판단할 수 있는 자료들은 관리와 보관에 취약하다. 제도 설계와 초기 사업모델 구축에 참여했던 다양한 학자들과 실무자들의 논의 자료 또한 체계적으로 수집, 보관되고 있지 않다. 더 심각한 문제는 지역에 있는 자활지원센터 등 민간기관이나 실무자들이 생산한 자료들이 소실될 위험에 처해 있다는 것이다. 이 점에서 자활지원제도의 역사자료를 체계적으로 수집·분류·개방하여, 정책연구 및 학술연구 그리고 자활지원사업의 개편 방향을 수립하는 데 활용할 수 있는 기초자료로 구축하는 일은 이미 시급한 상황이다.

내년(2025년)은 민간 주도로 자활사업 시범사업이 시작된 지 30주년이 되는 해이다. 자활지원제도가 시작된 2000년을 기준으로 하면, 25주년이 되는 해이다. 자활지원사업에 참여했던 민간과 공공의 주체들은 사라져 가는 역사자료를 수집·분류하여, 정책연구자, 행정 실무자, 민간 실무자 외에도 일반 대중에게 공개하는 〈역사자료 아카이브〉를 구축할 필요성에 공감하였다. 그에 따라, 자활사업 참여 기관, 학계(대학과 정책연구기관), 시민사회단체(협동조합, 시민단체, 사회복지단체) 등을 중심으로 역사자료 아카이빙을 위한 논의를 계속해 왔다. 그리고 2024년 5월, 이 사업을 보다 안정적으로 추진하기 위해 세 개의 기관이 MOU를 체결하고 이 사업을 추진할 실무 조직을 구성하였다. 참여한 기관은 1) 한국보건사회연구원, 2) 한국자활복지개발원, 3) 한국자활지원센터협회이다.

역사자료 아카이브 구축을 위한 민관협의체를 구성한다는 것은 정부와 공공기관이 생산한 기록 외에도 민간단체나 개인이 생산한 다양한 기록을 포괄하게 된다는 것을 의미한다. 그리고 앞에서 언급한 것처럼 어떤 기록을 어떻게 분류하고 개방할 것인지 협의할 때, 보다 수평적 거버넌스가 작동하게 된다는 것을 의미한다. 이는 역사자료 아카이빙의 최근 경향과도 일치하는 것이다(ICA, 2004, p.8; 윤은하, 2022: pp.24-31). 더욱이 이러한 협의체와 실무조직 구성은 역사자료의 수집과 분류, 관리시스템의 구축과 활용 측면에서 실질적 역할을 할 수 있다는 강점을 갖는다. 특히 한국보건사회연구원은 〈KIHASA 디지털 역사관〉[2]을 통해 이러한 아카이빙 작업을 수행한 경험을 보유하고 있다.

2. 자활지원제도 아카이브 구축의 필요성

가. 자활지원제도의 정책 아카이브로서 가치

자활지원제도는 한국 복지 정책의 기념비적 제도라 할 수 있는 기초생활보장제도를 지탱하던 두 축 중 하나다. 이전의 빈곤 정책이 대상 선정과 급여 지급에 관한 체계적 기준이 없었고, 근로능력이 있는 빈곤층을 배제하였다면, 기초생활보장제도는 최저생계비라는 체계적 기준을 통해 지원 대상을 선발하고, 근로능력이 있는 빈곤층의 경제적 자립을 촉진하는 자활지원사업을 출범시켰다. 물론 기초생활보호제도의 전신인 생활보호제도

---

[2] 한국보건사회연구원의 〈KIHAS 디지털 역사관〉은 한국 보건복지 정책의 역사자료를 담고 있는 기념관으로, 기초생활보장제도를 비롯해 우리 사회의 중요한 정책 결정 과정에 대한 사료들을 디지털화하여 보관하고 있다. 이는 학생과 일반 대중이 쉽게 이용할 수 있도록 공개되어 있다. (한국보건사회연구원, KIHAS 디지털 역사관 홈페이지https://www.kihasa.re.kr/history/home/main/main.do)

에서도 자활사업이 존재하였지만, 그것은 취약계층을 한시적으로 보호하는 사업이라는 한계를 갖고 있었다. 그러나 자활지원제도는 다음과 같은 네 가지 측면에서 중요한 의의를 가진다.

첫째, 자활지원제도는 근로빈곤층을 위한 최초의 종합지원체계를 마련했다는 점에서 의의가 있다. 1999년 국민기초생활보장법이 제정되고 자활사업은 근로능력이 있는 빈곤층을 대상으로 상담과 교육훈련, 취업지원과 창업지원, 자활공동체 설립 등 종합적인 지원체계를 갖추었다. 당시는 외환위기의 충격이 절정에 달했던 시기로 실직빈곤층이 급증하여 정부 차원에서 지원 대책을 마련해야 했다. 본래 취업 능력이 있는 실직빈곤층에게는 교육훈련과 취업 알선 등을 지원하고, 상대적으로 취업능력이 약한 실직빈곤층에게는 자활근로사업과 자활공동체 창업을 지원하는 방식으로 제도가 설계되었다. 하지만 시간이 경과하며 상대적으로 취업 능력이 높은 빈곤층이 노동시장에 진입하면서 자활사업은 취업능력이 미약한 집단을 중심으로 하는 사업이 되었다.

둘째, 자활지원제도는 민관 협력을 통해 '보호된 시장'을 만드는 최초의 실험이기도 했다. 제도 도입 초기부터 자활지원제도는 노동시장에 진입하기 힘든 취업 애로 계층을 중심으로 일자리 기회를 제공하고, 보호된 시장을 만들어 이들이 경제적으로 자립할 수 있는 체계를 구축해 왔다. 이 실험은 당시 정부와 비영리민간단체 그리고 연구자 모두에게 생소한 것이었다. 그나마 활용할 수 있는 것은 공공근로사업을 민간에 위탁하여 운영했던 경험과 빈민운동 차원의 생산공동체 운동, 그리고 지역의 협동조합 실험 등이었다. 따라서 국내의 다양한 사업 경험을 참조해서 새로운 사업모델을 만드는 동시에, 외국의 취업 취약계층 대상 취·창업 지원사업을 참조하는 협업이 필요했다. 정부와 비영리단체, 기업과 학계가 함께 사업체계를 구축하고, 사업모델을 발굴하고 실험해야 하는 상황이었다. 지역 단위에서 사업을 시행해야 했기 때문에, 사업 경험과 네트워크를 가진 지역의 비영리민간단체의 참여가 필수적이었다.

셋째, 위의 실험 과정을 통해 자활사업의 참여 주체들은 한국 사회적경제의 기반을 다지는 데 큰 기여를 하였다. 물론 현재의 사회적경제 영역에서는 자활사업을 넘어 다양한 주체들이 성장하고 있지만, 1999~2005년까지 국내의 사회적경제는 자활사업이 그 토대를 마련했다고 해도 과언이 아니다. 당시 한국의 자활사업은 유럽의 노동 통합형 사회적기업(Work Integration Social Enterprise)과 협동조합(Cooperatives)의 경험을 적극적으로 수용하여 자활지원기업 모델을 보급하는 데 주력하였다. 더불어 자활지원기업을 설립하기 위한 지원조직으로 사회적 금융(Social Financing) 조직의 탄생과 성장을 지원하기도 했다. 2000~2002년 설립된 마이크로-크레디트 기관들이 그들이다. 이러한 실험들은 이후 사회적기업이나 사회적협동조합 등이 태동하는 기반이 되었다고 말할 수 있다.

넷째, 자활사업은 각종 지원을 담당해 왔던 정부나 지원기관 그리고 학계 전문가들만의 기록이 아니다. 그것은 이 사업에 참여했던 우리 사회의 근로빈곤층, 특히 노동시장에서 취업 기회를 갖기 힘든 취약계층의 생애사 기록이기도 하다. 이들은 한국 현대사에서 빈곤이 생산되고 재생산되는 과정을 담고 있으며, 이들이 어떠한 경로를 통해 빈곤 상황에 처하게 되었고, 어떻게 경제적, 사회적 자립에 이르렀는지를 보여주는 일상의 기록이기도 하다(심상보, 2011). 자활지원제도 역사자료 아카이브는 장기적으로 이러한 기록들을 수집하는 문제를 고민할 필요가 있다.

자활지원사업 아카이브를 구축하는 것은 여러 가지 면에서 의미가 있다. 자활사업이 시작된 지 30년이 경과한 지금, 그 공과에 대해서는 다양한 평가가 가능할 것이다. 이번 아카이브 구축을 통해 오랜 기간 취업과 탈수급 성과가 낮다는 비판을 받아 왔던 자활사업에 대해 다른 해석을 하게 할 수도 있을 것이다. 또는 그 원인을 다시 명징(明澄)하게 생각하는 기회를 제공할 수도 있을 것이다. 한 가지 분명한 것은 과거의 비영리민간단체들이 보였던 헌신과 도전은 매우 값진 것이며, 역사자료로 보관하고 공유할 가치가 있다는 점이다.

나. 자활지원 정책의 사회적 실험으로서의 가치

자활지원제도의 실험이 중요한 역사자료의 의미를 갖는 또 다른 이유는 다양한 자활사업 프로그램에서 찾을 수 있다. 이들 프로그램은 2000년대 경제적 수익 창출과 사회적 가치 실현을 결합한 실험이었고, 지역 비영리민간단체들이 주도하여 환경보호와 복지 확충 같은 공익적 목적의 프로그램들을 활성화하는 계기를 마련하였다. 특히 자활사업 시행 초기의 혁신적인 프로그램들은 이후의 많은 사회기여형 사업프로그램이 생겨나는 데 큰 영향을 미쳤다. 여기서는 다음 네 가지 사업을 중심으로 근로빈곤층의 경제적 자립과 사회적 기여가 어떻게 구체화 되었는지 설명하고자 한다.

1) 음식물 재활용사업

자활사업은 1997년 외환위기 이후 급격하게 증가하는 실업자들을 조직하여 음식물쓰레기를 재활용하는 사업을 시작하였다. 이것은 당시 사람들이 기피하던 일자리를 환경보호, 영농사업, 가축사육과 연동시키는 실험이었다. 물론 이 사업은 다양한 문제가 발생하여 현재는 축소 운영되고 있다. 하지만 음식물쓰레기로 오리나 돼지 등 가축을 사육하거나, 이것을 건조시켜서 비료로 활용하는 등의 실험은 그 좌절에도 불구하고 이후 친환경사업을 활성화하는 데 큰 영향을 미쳤다.

2) 가전제품 재활용사업

자활사업의 또 다른 기여는 한국 사회에서 일종의 Black Market처럼 간주되던 업종의 공식화에 큰 영향을 미쳤다는 것이다. 그중 하나가 가전제품 재활용사업이다. 이 사업은 과거에는 수입과 지출이 제대로 파악되지 않는 영역이었다. 자활사업이 이 부문에 진입하면서, 종사자의 처우와 사업관리 투명화가 진행되고, 민간기업들이 이 부문에 참여하면서 재활용사업의 규모화와 체계화도 본격화될 수 있었다. 자활사업 참여자들은 과거 고물상이 담당했던 노동을 공식화하고, 폐기된 가전제품을 유통하는 시스템을 구축했다는 점에서 큰 의미를 갖는다.

3) 집수리사업

자활사업이 진입하여 공식화와 표준화를 시도했던 또 다른 영역 중 하나가 집수리사업이다. 이 사업은 현재도 전국 단위 사업으로 운영되고 있다. 이 사업은 자활근로 프로그램으로 시작되었으며, 농어촌지역을 중심으로 취약계층의 열악한 주거환경을 개선하는 것이 주된 목적이었다. 이는 집수리를 할 경제적 여력이 없는 취약계층의 주거 여건을 개선할 뿐 아니라, 사업 참여자의 기술 습득을 지원하는 역할을 하였다. 하지만 이 사업은 지붕 수리 등 대규모 사업을 수행할 기술 축적에 이르지 못하면서 현재 상태에 머물고 있다. 하지만 이러한 사업을 통해 경험을 축적한 많은 실무자들이 이후의 지역재생사업 등에 참여하는 기반을 마련하기도 했다.

4) 가사간병사업

자활지원제도가 우리나라의 복지서비스 확충과 관련해서 가장 큰 기여를 했던 사업 중 하나다. 자활지원사업은 2002년경부터 자활사업 참여자를 중심으로 가사간병서비스를 제공하는 사업단을 구성하여 주로 취약계층에게 사회서비스를 제공해 왔다. 그리고 이 경험은 이후 장기요양서비스 확충 과정에서 교육훈련이나 사업관리 측면에서 많은 기여를 하였다. 그리고 자활사업 참여자들은 현재 국내의 많은 가사간병사업과 장기요양사업에도 폭넓게 분포하고 있다. 이 사업은 정부가 인건비를 지원하는 자활근로사업을 활용하여 복지서비스를 제공하고, 이 경험을 토대로 자활기업이나 협동조합 등 개별 사업체를 구성하는 방식으로 성장한 대표적 모델이기도 하다.

3. 연구의 목적과 기대효과

이 연구의 목적은 자활지원제도의 형성과 변화 과정에 대한 역사적 자료를 체계적으로 수집 및 정리하여 아카이브를 구축하는 것이다. 이 연구와 유사한 목적하에 수행된 연구가 없는 것은 아니다. 먼저, 보건과 복지 정책 영역에서 정책 변화에 유의미한 영향을 준 자료를 수집하여 디지털 역사관을 구축한 사례가 있다(정경희 외, 2020). 정경희 외(2020)는 보건복지 정책 영역에서 한국보건사회연구원이 정책 형성과 발전 과정에 어떠한 기여를 했는지에 대해 평가했으며, 평가하는 과정에서 수집된 자료를 체계적으로 정리하고 디지털화하여 온라인상의 역사관에 전시했다. 정경희 외(2020)의 연구에서도 자활사업의 발전 과정을 일부 다루고 있으나 다음과 같은 측면에서 한계가 있다. 제도의 형성과 발전에 국책연구기관 외에, 민간, 시민단체, 정부 또한 중요한 행위자로 참여한다.

그러나 위 연구는 특정 기관, 특히 한국보건사회연구원의 역할에 초점을 두어 민간과 개인, 정부 등 다양한 행위 주체자들이 제도 형성과 변화 과정에 기여한 역할은 고려하지 않았다. 역사는 서술하는 주체에 따라 달리 해석되기 때문에 특정 기관이나 정부의 입장에서 서술된 역사는 민간의 역사와는 다르게 기술될 것이다. 이뿐만 아니라, 행위자들의 갈등과 긴장 관계 등 여러 주체들 간의 역동성을 이해하는 것은 제도의 형성과 변화에 대한 역사적 맥락을 이해하는 데 중요한 정보를 제공한다. 앞에서 논의했듯이, 자활지원제도는 사업의 개발, 시행, 평가와 환류에 이르는 전 과정에서 다양한 주체가 역동적으로 참여했기 때문에 특정 행위자의 역사만을 평가하는 것은 자활지원사업의 생성과 발전의 역사에서 사회의 변화와 역사의 흐름을 이해하는 데 매우 제한적인 정보만을 제공하게 된다. 이외에도 위 연구는 자활사업의 역사를 다루는 과정에서 2000년 이후 기초보장제도 제정 이후의 역사에 초점을 두고 있어, 현재의 자활사업의 형성에 기여한 그 이전의 역사에 대한 기술은 제외되어 있다는 한계가 있다.

다음으로, 국민기초생활보장제도의 형성 및 발전 과정에 대한 역사를 정리한 사례가 있다(김태완 외, 2020). 위 연구는 기초보장제도의 발전과 형성 과정에 대한 역사를 정리한 연구로 주로 제도의 발전 과정에 초점을 두고 있어, 정경희 외(2020)의 연구와 마찬가지로 다양한 주체들의 역할을 파악할 수 있는 정보를 제공하지 못할 뿐 아니라 연구의 초점 또한 자활지원제도가 중심이라기보다는 기초보장제도에 있다는 점에서 한계가 있다.

따라서 이 연구에서 수집하는 자료는 특정 기관이나 정부의 입장뿐 아니라 민간과 학계 등 다양한 관점에서 제도의 생성과 발전의 역사를 해석할 수 있는 토대를 제공할 수 있는 자료를 수집 및 정리하여 보존한다는 점에서 기존의 연구와 차별점이 있다. 이뿐만 아니라, 1996년 전후의 자료는 중요도와 소실 가능성을 고려할 때 시급하게 수집할 필요성이 높은 자료임에도 여러 주체들의 활동과 기록에 대한 자료를 체계적으로 수집하여 정리한 적이 없었는데, 이 연구는 기존 연구나 사업에서 제외된 시기의 역사적 자료, 즉 다양한 관점에서 해석할 수 있는 자료를 축적한다는 점에서 차별점이 있다.

이 연구를 통해 수집된 자료는 다음과 같은 다섯 가지 측면에서 정책적, 교육적, 학술적인 기여를 할 수 있을 것으로 기대한다. 첫째, 자활지원사업의 생성과 발전에 기여한 다양한 주체의 역할에 대한 자료는 관련 정책의 발전 과정 및 해당 정책의 사회적, 역사적 맥락을 이해하는 데 기여할 수 있다. 둘째, 자활지원사업에 대한 자료는 해당 정책이 사회문제 해결을 위해 어떤 방향으로 결정되어, 어떤 영향을 미쳤는지에 대한 평가자료로 활용될 수 있을 것이다. 셋째, 자활지원사업에 대한 자료는 학생과 연구자 및 정책 결정자 등 다양한 사람들에게 교육적 자료 및 연구자료로 활용될 수 있다. 넷째, 자료를 통한 과거 경험에 대한 평가는 자활지원사업에 대한 정책 설계를 위한 자료로 활용될 것이다. 다섯째, 공신력 있는 기관을 통해 자활지원사업에 대한 사료 정리 및 자료 제공이 이루어진다는 점에서 정책의 투명성과 책임성을 강화하는 데 기여할 수 있을 것이다.

제2절 연구 방법 및 연구 내용

1. 연구 방법

가. 자료 수집 방법

이 연구는 자활지원제도의 형성 과정과 변화 과정에 대한 자료를 체계적으로 수집하는 것이 목적이다. 따라서 자활지원제도의 형성과 변화 과정에서 의미 있는 자료가 무엇인지, 어떻게 수집할 것인지가 중요하다.

의미 있는 자료가 무엇인지 파악하기 위해서 다음과 같은 세 가지 접근을 고려했다. 첫째, 자활지원사업의 역사와 관련한 문헌 연구를 통해 법 개정, 프로그램 변화, 전달체계 변화 등 제도의 변화를 파악할 수 있는 자료와 해당 변화에 영향을 준 자료가 어떤 것이 있는지를 파악하고자 했다. 둘째, 자활지원사업에서 오랜 기간 활동했던 전문가들을 대상으로 인터뷰를 진행했다. 이들을 통해 자활지원사업에서 제도 형성과 변화에 의미 있는 영향을 준 자료와 인물이 누구인지 파악했다. 인터뷰 대상자는 다음의 세 시기에 정책의 형성과 변화 과정에서 의미 있는 역할을 한 인물로 추천받은 이들이다. 첫 번째 시기는 자활지원사업에서 1996년 시범사업이 시행되는 시기[3]이며, 두 번째는 2000년도 전후의 국민기초생활보장제도가 제정되는 시기, 세 번째는 2015년의 국민기초생활보장제도가 개별급여로 전환됨과 동시에 성과관리형 사업인 희망리본 사업이 취업성공패키지로

---

3) 자활지원사업의 역사와 관련한 문헌 고찰을 통해 1996년의 시범사업이 현재의 자활지원사업의 원년으로 보는 시각이 있어 해당 시기를 1996년 전후의 민간과 공공 및 학술자료를 수집하는 데 우선순위를 두었다. 그러나 1996년 이전에 시행되던 자활보호사업이 1996년의 시범사업과 어떤 면에서 다른지에 대해 파악하기 위해 그 전의 자료 또한 수집했으며, 대부분 정부에서 작성한 백서와 통계, 업무 지침 등의 자료에 집중했다. 당시의 민간의 자료를 수집하는 것은 자료 접근성과 이 연구의 범위 등을 고려했을 때 후속 과제로 남긴다.

통합되던 시기이다. 셋째, 업무협약기관에서 제공받은 자료를 검토함으로써, 어떤 자료가 자활사업의 역사에서 중요한 자료인지, 왜 그러한지에 대해 논의했다.

　자료 수집 방법은 다음의 네 가지 접근 방법을 활용했다. 먼저, 자활사업과 관련한 정책보고서는 프리즘(https:www.prism.go.kr)과 정책연구기관의 웹사이트를 통해 수집했다. 둘째, 자활지원제도 관련 학계 전문가, 생산공동체 활동을 했던 민간 활동가, 국민기초생활보장제도 제정 과정에서 중앙정부 단위에서 사업을 담당했던 공무원의 인터뷰를 통해 역사적으로 의미 있는 자료 및 사진, 발표 자료, 세미나 자료 등을 기증받았다. 셋째, 자활사업의 중요한 추진체계인 한국자활복지개발원, 한국지역자활센터협회와 업무협약을 맺어 두 기관이 수집하여 보관한 자료 중 연구진이 의미 있다고 판단한 자료를 요청하여 제공받았다. 한국자활복지개발원과 한국지역자활센터협회는 자료를 수집·정리하는 방식에서 접근을 달리했다. 한국자활복지개발원은 해당 기관 소속 연구자를 공동연구진으로 구성하는 방식으로, 소속기관 내에 연구팀과 협업하여 자료를 수집하여 정리했다. 연구팀을 구성하여 한국자활복지개발원의 공공 전자 기록물과 자료실 기록을 수집·정리하여 자활 역사기록물 목록을 작성했다. 한국자활복지개발원의 공공 전자 기록물 및 자료실 기록을 대상으로 전수조사를 진행했으며, 역사적 가치가 있는 '자활사업역사기록물'의 현황을 파악하여 목록화한 자료를 제공받았다. 그러나 한국지역자활센터협회의 경우 연구팀과 협업하는 방식이 아닌, 기록물 관리 담당자와 협업하는 방식으로 자료를 수집했다. 협회의 담당자에게 제공받은 백서 등을 통해 협회가 보유하고 있는 기록물을 먼저 확인하여 그중에서 연구진이 역사적으로 의미가 있다고 판단한 자료를 요청하는 방식으로 자료를 수집·정리했다. 넷째, 정부의 지침이나 사업안내, 백서, 통계연보 등은 국가기록원을 통해 자료를 검색하여 수집했다. 인터넷 사이트를 통해 자활지원사업과 관련한 연구를 검색하여 자료 리스트를 구축했다.

〈표 1-1〉 자활지원사업 사료 수집 방법

자료 수집 방법		세부 내용
정책보고서/연구기관 보고서		프리즘(https://www.prism.go.kr)과 연구기관 웹사이트를 통해 자활지원사업 관련 보고서 자료 수집
기증 자료		학계 전문가, 민간 활동가, 공무원의 인터뷰를 통해 역사적 자료, 사진, 발표자료, 세미나 자료를 기증받음
업무 협약	한국자활복지 개발원	한국자활복지개발원 소속 연구팀이 공공전자 기록물과 자료실 기록을 수집 정리하였으며, 연구진이 역사적 가치가 있다고 판단한 "자활사업역사기록물"을 목록화한 다음 관련 자료를 제공받음
	한국지역자활 센터협회	연구진이 한국지역자활센터협회의 기록물 관련 담당자의 협조를 받아 연구진이 역사적으로 의미가 있다고 판단한 자료를 제공받아 목록을 작성
정부 자료		국가기록원과 국회도서관을 통해 지침, 사업안내, 백서, 통계연보 등의 정부 자료 검색 및 수집, 관련 연구를 인터넷 사이트에서 검색하여 자료리스트 구축

출처: 저자 작성

나. 자료 구축 방법

수집한 자료를 데이터로 구축하기 위해서는 자료에 대한 데이터인 메타데이터를 구축해야 한다. 자활지원사업의 변화 과정에 대한 민간과 정부의 경험이 연구와 학습에 활용되기 위해서는 자료를 이용하는 이용자가 자료를 쉽게 검색하고 사용할 수 있어야 하며, 또한 자료를 담당하는 관리자가 관리하기 유용한 방식으로 구축되어야 한다.

메타데이터의 유형에는 자료의 저자가 누구인지, 주제가 무엇인지 등과 같은 콘텐츠에 대한 정보가 필요하며, 제공하는 자료의 형태가 논문인지,

비공식적인 회의자료인지, 자료 생성과 업데이트는 언제 이루어진 것인지 등에 대한 관리 메타데이터 정보도 필요하다. 이외에도 파일 형식이 문서인지, 사진인지 알아야 하고, 자료의 페이지 수나 비디오 자료의 경우 시작과 종료 시점 등에 대한 정보도 필요하다(Brand, Daly and Meyers, 2003).

위와 같은 메타데이터 정보를 구축하는 방식은 다양한 국제 표준이 있다. 예를 들면 더블린 코어(Dublin Core)와 마크(Machin-Readable Cataloging, MARC) 등이 국제표준에 해당하는 메타데이터 구축 방법이다. 이 연구에서는 더블린 코어 표준을 활용하고자 한다. 다양한 유형에 대한 자료를 구축하는 데 다른 방식보다 간단하고 용이하기 때문이다. 마크 방식의 경우 미국의 의회도서관에서 사용하는 표준으로 도서관 시스템에 널리 사용되며 더블린 코어에 비해 사용이 복잡하다(Library of Congress, 2023). 이외에도 더블린 코어 방식의 메타데이터는 한국보건사회연구원에서 사용하는 시스템과 공유된다는 장점이 있다.

더블린 코어에서 자료를 구축하는 데 필요한 요소는 다음의 세 가지 범주로 나눌 수 있다. 첫째, 내용과 관련한 요소, 둘째 지적재산권과 관련한 요소, 셋째, 인스턴트화 범주이다. 내용 관련 범주는 표제(Title), 주제(Subject), 유형(Type), 설명(Description), 출처(Source), 관련 자원(Relation), 수록 범위(Coverage)이며, 지적 재산권 관련 범주는 제작자(Creator), 기여자(Contributor), 제공자(Publisher), 저작권(Rights)이며, 마지막으로 인스턴트 범주는 날짜(Date), 형식(Format), 언어(Language), 식별자(Identifier)이다(국립중앙도서관, 2024a). 〈표 1-2〉는 더블린 코어의 메타데이터가 갖추어야 하는 핵심 요소를 제시한 것이다.

〈표 1-2〉 더블린 코어 방식의 메타데이터 구성 요소

요소	메타데이터	설명
1	Title(표제)	제목
2	Creator(창작자)	자료 내용의 주된 책임자
3	Subject(주제)	자료 내용 주제
4	Description(설명)	자료 내용 설명
5	Publisher(발행자)	자료를 이용 가능하게 만든 실체
6	Contributor(기여자)	자료 내용에 기여한 책임이 있는 기타 개체
7	Date(날짜)	자료 제작일
8	Type(유형)	자료 내용의 일반적인 범주, 기능, 장르
9	Format(형식)	자료의 물리적 표현 형식
10	Identifier(식별자)	자료를 식별하기 위한 식별기호
11	Source(출처)	자료 출처가 되는 원자료 출처
12	Language(언어)	기술하고 있는 언어
13	Relation(관련 자원)	관련 자료에 대한 참조
14	Coverage(수록 범위)	자료의 내용이 다루는 범위: 공간, 시간 범위(시대)
15	Rights(이용 조건)	자료가 가지고 있는 권리나, 권리에 관한 정보

출처: 국립중앙도서관 홈페이지(2024). 더블린코어. https://librarian.nl.go.kr/LI/contents/L10202000000.do (2024. 10.1 인출)
주: 저자가 해당 내용을 요약 정리하여 표로 제시

위의 구성 요소 중 '관련 자원'과 '수록 범위'는 제외했다. 관련 자원의 경우, 예를 들면 "OOO의 한국어 버전 자료", "이 자료는 OOO책의 제2장에 수록된 글", "OOO의 후속작" 등과 같이 자료와 자료의 관계에 대한 내용을 의미한다. 이 연구에서 수집하는 자료 중 대부분은 관련 자원에 대한 정보를 기입하기가 용이하지 않다. 관련 자원에 대한 유의미한 정보가 필요할 경우 '비고'라는 요소에 자료의 역사적 의미에 대해 작성함과 동시에 자료와 자료의 관계가 유의미하다고 판단되는 것에 한해 작성하는 것으로 대체하였다. 수록 범위는 1996년부터 2024년까지 약 30년간의 짧은 기간이라는 점과 한국이라는 공간에 한정되어 있어, 수집하는

자료가 시대를 구분하는 것과 공간을 구분하는 의미가 크지 않다고 판단되어 제외했다.

다음 표는 이 연구에서 활용한 메타데이터와 해당 요소에 대한 설명을 제시한 것이다.

〈표 1-3〉 자활지원사업 자료에 대한 메타데이터

	메타데이터		설명
번호	요소	하위 요소	
1	Title(표제)	제목	자료의 제목
		부제목	부제목
		외국어 제목	다른 언어로 작성된 경우 해당 제목
2	Creator(창작자)	저자(Author)	자료의 저자 및 창작자
		편집자	자료의 편집자
3	Subject(주제)	키워드	주요 키워드
4	Description(설명)	요약(Abstract)	요약
5	Publisher(발행자)	-	자료를 배포한 출판사, 기관, 개인
6	Contributor(기여자)	-	자료를 제공해준 기관이나 기증한 개인
7	Date(날짜)	-	자료 생산 연도, 발행일 등에 대한 정보
8	Type(유형)	-	단행본, 정기간행물, 문서류, 사진, 영상, 음성 파일인지에 대한 정보
9	Format(형식)4)	범위	페이지 수
10	Identifier(식별자)	데이터 식별번호	자료의 식별번호
		고유번호	URL, ISBN, DOI
11	Source(출처)	-	파생되어 사용되기 전 원본 자료
12	Language(언어)	-	자료가 작성된 언어
13	Relation(관련 자원)	-	-
14	Coverage(수록 범위)	-	-
15	Rights(이용 조건)	저작권 소유자	저작권 소유자
		활용 동의	활용 동의에 대한 정보
16	비고	-	자료의 역사적 의미

출처: 더블린 코어에서 제시하는 메타데이터 구성 요소를 참조하여 저자가 작성

---

4) 자료의 유형(Type)은 단행본인지, 정기간행물인지 등에 대한 정보뿐 아니라, 문서류인지 사진인지 등 형식(Format)에 대한 정보까지 포함하여 구성했다. 자활지원제도 아카이브를 구성할 때 한국보건사회연구원에 구축된 다른 아카이브와의 통일성을 고려한 설계라고 할 수 있다. 따라서 형식(Format)에 해당하는 항목은 자료의 길이 등을 파악할 수 있는 페이지 수에 대한 정보로 구성했다.

다. 자료 수집 범위

아카이브를 구축할 때 어떤 형태의 자료를 어느 시점부터 어느 시점까지 수집할 것인지, 전국 단위의 사업 변화를 파악할 수 있는 자료만 수집할 것인지, 지역의 사업변화까지 파악할 것인지에 대해 정할 필요가 있다. 모든 시대의 모든 자료를 구축하기란 불가능하기 때문이다. 따라서 이 연구에서는 연구 기간과 예산 제약하에 우선순위가 높은 자료를 파악하여, 우선순위가 높은 자료를 수집하는 것에 중점을 두고자 했다.

우선순위는 다음의 사항을 고려했다. 첫째, 문헌 리뷰를 통해 현재의 자활지원사업의 원형이 된다고 평가된 1996년 자활지원센터 시범사업과 1997년 자활후견지원기관 제도와 관련된 자료의 우선순위가 높다고 판단했다. 1996년 시범사업이 시행되었을 때의 자료는 자료 접근성이 낮고 소멸 가능성은 높기 때문에 우선순위가 가장 높은 자료로 분류했다. 이 중에서도 민간의 비공식적인 자료의 우선순위가 높다. 정부의 공식적인 자료는 체계적으로 수집, 관리되고 있지만, 민간의 자료는 접근성이 낮고, 높은 소실 가능성이 커서 소멸될 가능성이 크기 때문이다. 둘째, 자활지원사업의 역사에서 의미 있는 변화라고 연구된 시기나, 인터뷰 대상자가 언급한 제도 형성 및 변화와 관련한 의미 있는 시기와 자료[5]를 그다음

---

5) 인터뷰 대상자를 통해 자활지원사업의 역사에서 의미 있다고 언급되는 시기는 1996년 시범사업, 1997년 시범사업의 제도화. 1998년 외환위기와 이후 2000년 기초보장제도로 제도화되는 시기, 2004년 위탁받아 사업을 운영하던 민간이 정부에 의해 사업평가를 받고 광역 단위의 전달체계가 시범으로 운영되는 시기 등 주로 제도의 변화에 초점이 맞춰져 있다. 인터뷰를 통해 파악한 역사적으로 의미 있는 변화와 해당 시기는 기존의 역사연구에서 언급되는 시기와 대부분 유사하다. 그러나 기존 연구에서는 잘 드러나지 않은 1996년 시범사업과 그 이전 시기에 민간에서 활동했던 주체인 종교단체 및 복지관에서의 활동 기록과 2000년에 기초보장제도가 제도화되는 과정에서 시민단체, 정부, 학계 전문가들의 알려지지 않은 활동과 기록은 인터뷰를 통해 파악할 수 있었다. 인터뷰 과정에서 언급된 자료들 중 공식적인 정부 자료나 학계의 자료는 검색을 통해 수집했고, 개인이 소장하고 있는 자료의 경우에는 기증받아 수집했다. 기증받은 자료의 의미에 대해서는 아카이브 내 메타데이터의 비고란을 참조하면 된다.

으로 중요도가 높은 자료로 분류했다. 셋째, 이 연구의 목적이 자활지원사업의 형성 및 변화 과정과 관련한 사료를 수집하는 것이므로 연구 목적에 맞는 자료의 우선순위가 높다. 모든 자료 중에서도 가장 초점을 두고 있는 것은 민간에서 운영되던 도시빈민운동이나 생산공동체 활동이 중앙정부의 사업으로 편입되는 과정과 그 이후의 제도가 변화하는 과정을 이해할 수 있는 자료로, 그들의 우선순위가 가장 높다. 따라서 지역 단위에서 시행되던 사업보다는 중앙정부 단위에서 시행되는 사업과 관련된 자료의 우선순위가 더 높다고 할 수 있다. 다만, 1990년대 후반, 민간의 활동과 관련된 자료는 지역 단위에서 이루어진 것이지만, 이후 중앙단위의 사업에 중요한 영향을 미쳤으므로 이 시기의 지역 단위의 자료는 수집하고자 했다.6)

자료 유형은 개인이 소장하고 있는 비공식 세미나 및 발표 자료를 포함하여 정부의 공식적인 자료인 백서, 지침, 통계연보와 정책연구자료, 학계의 학술논문, 개인 소장 사진, 민간의 비공식 회의 자료 등이다. 여기서는 신문이나 방송 관련 자료는 자료 접근성이 높고 자료 소멸 가능성이 낮다는 이유로 인해 수집해야 할 자료의 우선순위가 높지 않았다. 이 외에도 사용료 지불 문제와 저작권 등의 이슈로 수집자료 유형에서는 최종적으로 제외했다.

위와 같은 점은 고려한다면, 이 연구에서 수집하는 자료의 시간적 범위는 1996년부터 2024년 현재까지이며, 공간적 범위는 중앙정부 단위의 복지부 사업을 우선 고려했으며, 1996년 시범사업 당시의 자료는 지역의 자료 또한 포함했다. 자료 유형은 신문과 방송 등의 자료를 제외하고, 개인과

---

6) 자활사업은 고용노동부의 취업지원제도(취업성공패키지나 국민취업지원제도)와 경쟁하거나 일부 흡수되는 과정을 거치기도 했다. 자활정책의 형성과 변화에서 고용노동부 사업과의 역동적인 특성을 파악하기 위해서 고용노동부 사업의 변화를 파악할 수 있는 자료와 해당 정책의 변화에 영향 미친 행위 주체들에 대한 자료를 수집할 필요성이 있다. 이는 후속 연구로 해야 하는 과제로 남아 있다.

기관에서 기증한 회의록, 세미나 자료를 포함하여 정부의 공식적인 자료와 학계의 학술논문과 정책연구기관의 보고서를 포함했다. 아래 표는 이 연구에서 수집하고자 하는 자료의 수집 범위와 유형을 요약한 것이다.

〈표 1-4〉 자료의 수집 범위와 유형

구분	범위
시간적 범위	- 1996~2024년 현재까지
공간적 범위	- 중앙정부 단위의 복지부 사업에 초점 - 1996년의 경우 지역 단위 자료 포함
내용적 범위7)	- 자활근로사업의 프로그램과 전달체계 등 제도 변화에 초점 - 제도의 형성과 변화 과정에서 행위자들의 입장, 행위자들 간의 협력과 긴장, 갈등을 이해할 수 있는 자료 포함
자료 유형	- 민간의 발표 및 세미나 자료 - 정부의 시범사업 관련 문서, 정부 보고서, 정책 자료, 정부의 백서, 통계연보, 사업지침자료 - 학술논문, 정책연구기관 보고서

출처: 저자 작성

2. 연구 내용

이 연구는 자활지원사업과 관련된 자료를 수집하여 아카이빙해야 할 필요성을 제시하기 위해 제1장 제1절에서는 자활지원제도가 사회복지 정책

---

7) 자료 수집 범위는 시간과 공간, 자료 유형 외에도 내용적인 범위로도 구분할 수 있다. 예를 들면, 자활지원사업의 철학적 배경에 대한 내용을 중심으로 자료를 수집할 수 있으며, 자활근로 사업단을 중심으로 사업의 내용에 대한 자료를 수집할 수도 있다. 이 연구에서는 자활사업의 내용적 범위를 자활근로사업의 프로그램과 전달체계 등 제도 변화에 초점을 둔다. 그러나 자활사업의 철학적 바탕이 되는 자료가 수집되었다고 해서 이를 배제하거나 하지 않고 개방적인 입장에서 자료를 수집했다. 이러한 방식은 이후 자료를 이용하는 연구자들이 연구의 목적에 따라 선택적으로 자료를 활용할 수 있다는 점에서 장점이 있을 것이다. 그럼에도 이 연구에서 수집하고자 하는 자료의 내용적 범위를 한정하고자 한다면, 제도주의적 관점에서 자활지원제도의 변화를 파악할 수 있는 자료와 제도의 형성과 변화 과정에서 보인 행위자들의 입장, 행위자들 간의 협력과 긴장, 갈등을 이해할 수 있는 자료에 중점을 두고자 했다.

사에서 가지는 의의와 정책 아카이브로서의 가치에 대해서 논의했다. 위의 논의를 토대로 이 연구의 목적이 자활지원제도 형성과 변화 과정에서 의미 있는 주체들의 활동과 제도의 변화를 파악할 수 있는 자료의 수집과 체계적인 정리 및 관련 자료의 아카이빙화에 있음을 제시했다. 제2절은 자료 수집 방법과 수집된 자료를 구축하는 방법 및 자료 수집의 시간적, 공간적 범위와 수집할 자료의 유형을 제시했다.

제2장에서는 자활지원사업이 제도화되기 전의 사회경제적 배경, 민간 빈민지역에서의 생산공동체 활동의 역사, 1996년의 시범사업 시기와 2000년에 기초보장으로 제도화되는 과정과 이후의 제도의 특성 변화를 개괄적으로 이해하기 위해 관련 문헌을 고찰했다. 문헌 고찰은 자활지원사업의 변곡점과 수집해야 할 중요한 자료에 대한 정보를 제공한다. 문헌 고찰을 토대로 자활지원사업의 역사를 다음의 세 시기로 구분했다. 첫째, 자활지원사업의 제도화 이전 시기(1960~1995년), 둘째, 자활지원사업의 제도화 초기(1996~1999년), 셋째, 자활지원사업이 제도적으로 확대되는 시기(2000년 이후)이다.

제3장에서는 자료를 체계적으로 수집하여 아카이빙한 국내와 해외의 사례를 살펴봄으로써 자활지원사업의 역사와 관련한 자료의 아카이브 구축 방향에 대한 시사점을 확인하고 구축 방향에 대해 논의했다. 제4장에서는 아카이브의 활용 방안과 후속 과제에 대해 논의했다. 마지막으로 제5장에서는 연구진이 수집하여 아키이빙한 자료 목록을 제시했다.

제2장

자활지원제도의 개념과 역사

제1절 자활지원제도의 개념과 범위
제2절 자활지원제도 역사의 시기 구분
제3절 민간활동과 정부의 개입
제4절 시범사업과 제도화

제2장　자활지원제도의 개념과 역사

제1절 자활지원제도의 개념과 범위

　자활(自活)이라는 개념은 '스스로 생활한다'는 의미를 담고 있는 용어로, 정부 사업이나 법령에서 공식적으로 명시된 역사를 살펴보면 1968년 「자활지도에 관한 임시조치법」에서 처음 사용되었다. 사업 대상자는 근로능력이 있는 영세민이며 이들에게는 근로구호 사업을 제공했다(노인철 외, 1995, p.134). 그러나 실질적인 자활지원 정책은 1982년 12월 31일 전면 개정된(1983년 시행) 생활보호법(법률 제3623호)에서 등장한다.

　1982년 생활보호법이 개정되는 과정에서 「자활지도에 관한 임시조치법」은 폐지되었고 생활보호법상의 보호 종류에 '자활보호'가 새롭게 추가되었으며, 「자활지도에 관한 임시조치법」에서의 영세민은 자활보호 대상자로 규정하였다(보건사회부, 1984, p108).

　「자활지도에 관한 임시조치법」하의 취로사업(근로구호)의 일부가 개정된 생활보호법에 자활보호로 포함되었다. 개정된 법에서 자활보호는 1) "자활에 필요한 금품의 지급 또는 대여" 2) "자활에 필요한 기능 습득의 지원" 3) "취업 알선" 4) "취로사업 실시에 의한 자활지원"(보건사회부, 1984, p.111)을 행하는 것으로 제시되었다.

　생활보호법상의 자활의 의미는 사회적으로나 경제적으로 정부의 지원 없이 생활할 수 있도록 자립한 상태를 의미하는 것으로 해석된다. 이러한 해석에 따라 정부의 자활지원사업의 범위를 파악한다면, 1982년 개정된 생활보호법상의 자활보호 역시 자활지원사업의 일환으로 해석할 수 있으며, 생활보호법 개정 시점 혹은 그 이전에 정부가 영세민의 사회경제적 자립을 목적으로 실시한 취로사업을 포함할 수 있는 여지도 있다. 그러나 엄밀히 말하면 1982년의 생활보호법에서의 자활사업은 자활을 통한 자립 지원 보다는 임시적, 단기, 공공 일자리를 제공하여 보호를 제공한 측면이 강하다. 사업의 명칭 또한 '자활보호'로, '보호'를 강조하고 있다. 이러한 용어 사용은 자활보호에 참여하는 자를 주체적으로 사업을 이끌어 가는 참여자로 인식하기보다는 보호의 대상자로 보는 것이다.

현재의 자활지원제도는 2000년에 시행된 국민기초생활보장법(이하 '국기초법'과 혼용)에 법적 근거를 두고 있지만 그 원형이 되는 정책은 생활보호법하의 1996년 자활지원센터 시범사업9)으로 볼 수 있다(김수영, 2013; 백학영 외, 2023).10) 자활지원이라는 용어가 1996년 자활지원센터 시범사업 실시 이후부터 등장했으며 참여 대상, 전달체계, 사업 내용, 그리고 정부와 민간의 관계 모든 측면에서 기존의 자활사업과는 달랐다.

기존의 자활보호는 생활보호를 받는 세대 내에 근로 가능한 세대원에게 취업 알선이나 공공 부분의 임시, 단기 일자리를 지원하고, 생업자금을 융자하는 프로그램으로 구성되어 있었다(보건복지부, 1996, p.197). 그러나 자활지원센터 시범사업은 기존의 대상자 외에 저소득 근로 여성과 일용근로자 등 기존의 생활보호제도에서 보호받지 못한 대상자를 포함했다. 이는 새롭게 편입된 대상자가 스스로 자활의 주체가 되어 자립할 수 있는 능력이 있다고 보는 관점이 반영된 것이다. 이러한 특성은 사업의 내용에서 더욱 명확하게 드러난다. 자활지원센터라는 전달체계는 기존에 없던 매우 독특한 방식으로 생겨났다. 센터는 중앙의 사업을 전달하는 지원기관이기는 하지만, 정부에서 만든 기관이라기보다는 생산공동체

---

9) 시범사업은 1996년에 시작되었지만 법적 지위를 갖게 된 시점은 1997년이다.
10) 시범사업 이전에도 근로빈곤층 대상 빈곤 정책이 없었던 것은 아니다. 생활보호법상 자활보호 사업이 존재했지만 현재와 같이 근로 기회 제공 및 취·창업 지원 등과 같은 사업이라기보다 "자활을 위해 금품을 지급하거나 대부하는 것"에 국한했다.

운동이나 노동자 협동조합 실험을 하고 있는 민간의 조직체가 전달체계로 편입된 것이다. 사업의 내용은 생산공동체 운동과 협동조합을 실험한 민간의 경험과 활동가의 자활사업 경험이 반영되어 공동작업과 자영업 지도 등을 통해 참여자가 스스로 자립할 수 있도록 하는 프로그램으로 구성되었다(보건복지부, 1997, p.201; 송경용, 2007). 따라서 자활지원센터 시범사업 모델은 민간의 주도성, 참여자의 주체성, 사업 내용과 운영에 있어서 다양한 실험의 장이 되었다는 측면에서 기존의 자활보호와는 매우 다르다.

시범사업으로 운영되던 자활지원센터는 1997년 8월 22일 생활보호법 일부개정(법률 제5360호, 1998.7.1. 시행)을 통해 자활후견기관(법11조의2)으로 제도화되었으며, 그들이 참여주민과 함께 운영하던 생산공동체는 자활공동체로 제도화되었다(국가법령정보센터, 2024).

지역자활센터를 위탁운영한 후, 채 2년이 지나지 않아 1998년에 외환위기를 거치면서 시범사업으로 정부의 자활사업을 추진하던 단체들은 장기실업자를 대상으로 하는 특별취로사업 등을 위탁받게 되었고(보건복지부, 1999, p58), 이후 자활지원사업은 2000년 국민기초생활보장법 제정으로 제도화되었다. 따라서 이 연구는 현재의 자활지원사업이, 1996년 5개의 자활지원센터를 중심으로 시행되었던 시범사업을 자활지원사업의 시초로 보는 시각을 선택하고자 한다.11)

---

11) 그러나 1996년 이전의 생활보호제도하에서 시행된 자활보호에 대한 공적인 자료인 보건복지백서(보건사회백서), 보건복지통계연보 등은 국가기록원에서 검색하여 자료 목록에 포함하여 수집했다.

제2절 자활지원제도 역사의 시기 구분

이 절에서는 문헌고찰을 통해 자활지원제도의 형성과 변화에서 중요한 변화를 수반한 시기를 어떻게 구분했는지에 대해 살펴보고자 한다. 제도 변화 시기를 어떻게 구분했는지 탐색함으로써 자료를 수집할 때 중점을 두어야 하는 시기와 변화 내용이 무엇인지에 대한 정보를 얻을 수 있기 때문이다. 이뿐만 아니라 현재의 자활지원사업의 원년을 언제로 정할지에 대한 정보와 수집할 자료의 시작 지점에 대한 시사점을 얻을 수 있기 때문이다.

자활지원사업의 역사를 고찰한 기존 문헌은 자활사업의 원년을 1996년으로 보거나, 1996년의 시범사업을 현행 자활지원사업의 원형으로 보는 시각을 채택하지만, 국민기초생활보장법이 제정되는 2000년을 제도화의 시작으로 보는 문헌도 있다. 첫째, 1996년을 원년으로 하는 문헌은 1980년부터 1990년대 중반까지 민간의 자생적 활동이 정부 사업으로 편입되는 과정을 고찰하는 것에 중점을 둔다. 이 연구들은 주로 민간활동이 정부 사업으로 전환되는 과정에서 자활운동의 이념과 지향점이 변화하는 과정을 분석하고 있기 때문에 자활사업의 시기를 1) 1996년 자활 시범사업과 2) 2000년 국민기초생활보장제도가 시행된 시기를 주요 역사적 변곡점으로 구분한다(신명호, 김홍일, 2002; 김수영, 2006; 이문국 외 2009; 노대명 외 2010; 조경식, 2019) .

둘째, 국민기초생활보장제도를 자활사업의 제도화의 시작으로 보는 문헌은 2000년 국민기초생활보장법 시행으로 자활사업이 정부의 공식 사업이 되어 전국적으로 확대된 시점을 제도화의 원년으로 보고, 그 이후의 변화 과정을 탐색한다(황덕순, 2014; 지규옥, 김홍주, 2016; 이수진, 2018; 백학영 외, 2023). 이 유형의 연구는 2000년 제도의 도입 이후 자활사업의 대상자, 프로그램, 전달체계 등 제도적 특성이 변화하는 시기를 변곡점으로 구분하는 제도주의적 접근을 취하고 있다는 특성이 있다.

먼저, 자활지원사업의 발전 과정을 고찰한 초기의 문헌이라고 할 수 있는 신명호와 김홍일(2002)의 문헌은 생산공동체 운동이 정부의 자활지원사업으로 편입되는 과정에서 사업의 이념과 참여자들의 자발성과 책임의식이 변화하는 과정에 문제의식을 두고 활동 사례를 중심으로 고찰하고 있다. 이 연구는 자활지원사업의 발전 과정을 1) 자활지원센터 시대 이전(1970년대~1995년), 2) 자활지원센터 시대(1996년~1999년), 3) 자활후견기관 시대(2000년~현재)으로 구분한다. 1996년 자활 시범사업이 시작될 당시 전국에서 5개의 '자활지원센터'라는 명칭으로 사업을 운영하였고, 이후 2000년 '자활후견기관'으로 명칭이 변경되는데, 시기 구분에는 센터명의 명칭을 사용하였으나 크게는 앞에서 언급한 1996년 시범사업과 2000년 국민기초생활보장제도 시행 이후의 시기 구분을 따르고 있다.

다음으로, 김수영(2006)의 문헌은 자활사업이 민과 관이 협력하여 시행된 복지사업이라는 점에 착안해 민간의 빈민운동과 생산공동체 운동이 정부의 제도화된 사업으로 어떻게 전환되며, 이 과정에서 사업 참여자들 간의 역학 관계가 어떻게 변화했는지를 분석하고 있다. 이 연구는 민간의 자생적인 자활운동이 제도화되는 과정을 집중적으로 조명하기 위해 1996~2000년 동안의 제도화 시기를 추가적으로 구분한다. 구체적으로 김수영(2006)의 문헌에서는 1) 제도화 이전(1960~1980년대) 2) 1차 제도화 과정(1990~1997년) 3) 2차 제도화 과정(1998~2000년)으로 시기를 구분한다. 김수영(2006) 연구에서는 정부의 자활시범사업이 시작된 1996년보다 앞선 1990년부터를 1차 제도화의 시기로 구분하고 있는데, 이는 정부의 자활지원사업이 1990년 초반의 생산공동체 운동에 기반한다고 보며, 시범사업 이전에 학계와 민간 활동가들을 중심으로 정부 시범사업으로 추진하기 위해 논의하고 준비한 기간 모두를 제도화의 과정으로 포함한 것이다. 또한 2차 제도화 시기를 추가적으로 구분하는데, 이는 외환위기 이후 실업 문제에 대한 정부 대응책으로 1996년에 시행된 민관 협력의 자활사업이 시범사업의 지위에서 전국의 공식 사업으로 확장되는 시기라는 점에서 제도화의 주요한 환경적 정책적 변화라고 판단한 것이다.

이문국 외(2009)의 연구는 지역자활협회의 15주년 기념으로 발간된 연구보고서로, 민간 중심 생산공동체 운동을 시작으로 정부의 지역자활센터와 지역자활센터협회로 변화한 시기를 중심으로 제도권 진입 후의 국민기초생활보장 제도 내에서의 지역자활센터 역할의 변화를 고찰한 문헌이다. 이 연구는 시기를 1) 자활사업 제도화 전 단계(생산공동체 운동 시기, 1995년), 2) 시범사업 단계(자활사업 제도화 초기, 1996~1999년), 3) 자활사업의 제도화 단계(근로 연계 복지의 출범, 2000년~2005년), 4) 자활사업정책 단계(제도적 정형화와 다양한 모색, 2005년 이후)로 나누어 2000년대 이후 시기를 추가로 구분한다는 차이점이 있다.

노대명 외(2010)의 연구는 한국에서 빈곤 문제가 정부의 사회적 문제로 인식되기 시작한 1990년 시점부터 자활지원사업이 정부 지원 사업으로 편입되고 제도화되어 자활사업 자체적으로 활로를 모색하는 2010년까지의 과정을 분석한다. 이 연구는 자활지원사업이 시행되는 외부적 환경 변화에 의해 제도가 변화한다는 관점에서 크게 1) 주민운동 시기(~1995년까지), 2) 시범사업과 외환위기 시기(1996년부터 2000년까지), 3) 기초보장제도 도입 이후 자활지원사업(2000년 이후 2010년까지)의 세 시기로 구분하는데, 이는 앞의 신명호, 김홍일(2002)의 연구의 시기 구분과 동일하게 시범사업과 기초보장제도 도입을 자활사업의 역사적 변곡점으로 본다는 공통점이 있다.

　조경식(2019)은 1990년대 한국 정부의 빈곤 문제 해결에 대한 한계를 인식한 김영삼 정부에서 민간의 빈민운동이 자활 시범사업으로 제도화하는 과정과 1997년 외환위기로 인한 대량 실업 발생 문제를 해결하기 위한 김대중 정부에서의 자활사업제도화 과정에 대해 분석한다. 이 연구는 1996년의 시범사업과 이를 확대하여 제도화한 2000년을 중요한 역사적 변곡점으로 본다는 점에서 앞에 고찰한 연구들과 자활사업의 시기 구분이 동일하다.

　지규옥과 김홍주(2016)는 자활사업의 역사적 과정에서 정책 행위자들 간의 역할과 행위 수준이 변화되는 점에 주목하여 '거버넌스'라는 관점으로 자활사업의 시기를 구분한다. 구체적으로 1) 사회운동기(1970년대~1999년) 2) 제도화기(2000년~2007년) 3) 대안 모색기(2008~2016년)의 세 가지 시기로 구분하는데, 마지막 대안 모색기는 자활사업의 정책 목표를 일자리 창출을 위한 취업지원 전략으로 수정하여 자활사업이 자체적으로 사업의 목표를 수정하여 활로를 모색했다는 점에서 2008년 시점을 주요 역사적 시기로 구분한다.

　백학영 외(2023)의 연구는 자활사업의 변화 과정을 역사적 제도주의로 분석한 가장 최근 문헌으로, 구체적으로 1) 제도화기(2000년 10월~2005년), 2) 제도 확대기(2006~2012년), 3) 제도 변화 모색기(2013~2017년), 4) 제도 다각화기(2018~2021년)로 구분한다. 이 연구에서는 기초보장법을 시행한 2000년 10월을 자활사업이 제도화된 시점으로 보며, 이후의 20여 년간의 자활제도가 정부 제도 내에서 다변화되는 과정을 제도주의 관점으로 분석한다. 또 기존의 민간 중심의 자활사업보다는 제도화된 자활사업의 변화 과정에 초점을 둔 연구이다.

　위에서 살펴본 바와 같이 현재 자활지원사업의 원형이 되는 사업이

1996년 자활지원센터 시범사업이라는 점은 이견이 없다. 자활사업에서 역사적으로 중요한 변화가 나타난 시기로 1996년과 2000년을 중요한 시기로 다루고 있다는 점 또한 합의점을 보인다. 다만, 자활지원제도의 제도화 원년을 구분함에 있어서는 1996년 시범사업 시기를 제도화의 시초로 보는 견해(신명호·김홍일, 2002; 김수영, 2006; 이문국 외, 2010; 노대명 외, 2010; 조경식, 2019)와 2000년 국민기초생활보장제도 시행을 자활사업의 원년으로 보는 견해가 나뉜다는 점(지규옥, 김홍주, 2016; 백학영 외, 2023)에서 제도화의 시작을 언제로 볼 것인가에 대해서는 견해 차이가 있다.

따라서 이 연구는 정부의 자활지원사업이 민간의 자생적 자활운동에서 태동하였다는 관점을 채택하여 자활사업의 변화 과정을 고찰한 초기의 문헌에서 시도한 시기 구분을 따르고자 한다. 첫 번째 시기는 자활지원사업이 70, 80년대 도시 빈민 지역에서 민간 활동가들을 중심으로 전개되었던 빈민운동과 생산공동체 운동을 자활사업의 모태로 보는 관점에서, 1996년 이전 민간에서의 활동을 중심으로 빈민운동이 전개된 시기를 한 시기로 구분한다. 두 번째 시기는 1996년 정부가 5개의 자활지원센터를 중심으로 시범사업을 한 시기를 제도화의 원년으로 보며, 이 시기를 제도화 과정의 초기 단계로 본다. 세 번째는 2000년 국민기초생활보장법을 시행하면서 자활사업이 전국 규모의 공식 사업으로 확대된 시기를 제도화 시기의 한 축으로 구분한다. 이 연구는 위에서 구분한 세 시기별로 역사적 발전 과정을 간략히 살펴볼 것이다.[12]

먼저, 민간의 자생적 활동이 정부의 자활지원사업으로 편입되는 과정에서 중요한 행위 주체라고 할 수 있는 민간 활동을 중심으로 한 자활사업

---

[12] 자활지원사업이 2000년에 기초보장제도로 편입된 이후의 제도 변화에 대한 상세한 내용은 가장 최근의 연구인 백학영 외(2023)의 연구를 참조하기 바란다.

역사를 개괄한다. 다음으로, 자활지원사업의 제도화 과정에 중점을 두어 제도화되기 전의 역사와 제도화 초기, 제도 확대기로 나누어 자활지원사업의 역사적 변화 과정에 대해 살펴본다.13)

〈표 2-1〉 문헌별 자활지원제도의 역사적 시기 구분

문헌	시기 구분	비고
신명호·김홍일 (2002)	자활지원센터 시대 이전(1970년대~1995년) 자활지원센터 시대(1996~1999년) 자활후견기관 시대(2000년~현재)	1996년 자활 시범사업과 2000년 국민기초생활보장제도를 역사적 변곡점으로 구분함.
김수영 (2006)	제도화 이전(1960~1980년) 1차 제도화 과정(1990~1997년) 2차 제도화 과정(1998~2000년)	1990년대 초반 학계 및 민간을 중심으로 자활지원사업을 구상했던 시기를 제도화의 과정으로 포함함. 1998년 자활사업이 시범사업에서 정부의 공식 사업으로 전환된 시기를 추가적으로 구분함.
이문국 외 (2009)	자활사업 제도화 전 단계(생산공동체 운동 시기, 1995년) 시범사업 단계(자활사업 제도화 초기, 1996~1999년) 자활사업의 제도화 단계(근로 연계 복지의 출범, 2000~2005년) 자활사업정책 단계(제도적 정형화와 다양한 모색, 2005년 이후)	2005년 이후 자활사업의 전달체계가 확충, 규모별 예산지원, 사회적기업 관련 법 등의 제정을 자활지원제도가 정형화되나 사회적경제로의 변화를 모색했다는 점에서 역사적 주요 변곡점으로 시기 구분함.
노대명 외 (2010)	주민운동 시기(~1995년까지) 시범사업과 외환위기 시기(1996년부터 2000년까지) 기초보장제도 도입 이후 자활지원사업(2000년 이후 2010년까지)	1996년 자활 시범사업과 2000년 국민기초생활보장제도를 역사적 변곡점으로 구분한다는 점에서 신명호 김홍일(2002)의 시기 구분과 동일함.

---

13) 이 연구는 자활지원사업의 역사적 변화를 분석할 수 있는 근거 자료를 제공하기 위해 관련 자료를 수집하여 체계적으로 정리하여 아카이브를 구축하는 것이다. 따라서 이 연구에서 자활사업의 역사에 대한 기술은 자활사업의 형성과 변화 과정에 대한 전반적인 이해를 위한 배경 지식으로서 정리했다. 자활지원사업의 역사에서 중요한 시기와 시기 구분, 구체적인 변곡점과 제도적 변화에 대한 분석은 아카이브 구축 후에 보다 활발하게 이루어질 것으로 기대한다.

문헌	시기 구분	비고
조경식 (2019)	1993~1998 김영삼 정부의 자활사업 제도화와 김대중 정부의 자활사업 제도화 (1998-2003) 으로 구분하여 추진체계, 재정 규모, 대상자 규모와 프로그램의 특징을 분석	1996년 시범사업 시기와 2000년의 기초보장제도를 자활사업 행정에서의 중요한 변곡점으로 파악하고 있어 신명호 김홍일(2002)과 노대명(2010)의 시기 구분과 유사함.
지규옥·김홍주 (2016)	사회운동기(1970년대~1999년) 제도화기(2000~2007년) 대안 모색기(2008~2016년)	기초보장제도 시행 이후의 변화에 초점을 두고 분석. 2000년 국민기초생활보장제도 시행된 시점을 제도화의 원년으로 본다는 점에서 앞선 문헌들과 차이가 있음. 자활제도의 주요 변화(성과평가, 취업우선지원사업 시행, 자활근로사업 다양화)를 중심으로 제도주의 관점에서 시기를 구분하고 있으며, 행정부의 변화 시기에 따른 특징을 분석하고 있음.
이수진 (2018)	민주정부(김대중, 노무현 정부)와 보수정부(이명박, 박근혜 정부)로 구분하여 제도화기와 제도의 전환기로 구분	
백학영 외 (2023)	제도화기(2000년 10월~2005년) 제도확대기(2006~2012년) 제도 변화 모색기(2013~2017년) 제도 다각화기(2018~2021년)로 구분	

제3절 민간활동과 정부의 개입

현재 우리에게 익숙한 '자활사업'은 국민기초생활보장제도의 조건부 수급자를 대상으로 하는 하나의 공적 사회보장제도이지만, 사실 자활사업은 빈곤을 탈피하고자 하는 민간의 자생적인 노력에서 출발했다. 일제의 수탈과 한국 전쟁, 급속한 산업화에 따른 이농과 도시화를 거치며, 도시 빈민이 크게 늘었다. 도시에서는 산업에서 수용할 수 있는 범위를 넘어서는 초과 인구 유입으로 실업자가 양산되고 가난한 사람이 많이 늘어난 것이다. 어떤 방식으로든 도시 빈민 문제를 해결해야 하는 상황이지만 당시 공공 사회보장은 상당히 빈약했다. 이 상황에서 다양한 민간의 주체들에 의한 노력이 활발하게 전개되었다

당시 민간의 종교 지도자와 대학생은 1950~1960년대 미국의 사회

운동가 솔 알린스키(Alinsky, Saul)의 지역사회 조직화(community organizing)에 영향을 받아 판자촌 등에서 사람들의 삶을 개선하는 데 힘썼다(양연수, 1990; 김수영, 2013에서 재인용). 그리고 이 과정에서 "자활사업의 원형으로 회자되는 생산공동체 운동"이 태동했다(김수영, 2013, p.265). 자활사업의 시작은 사회문제, 특히 도시의 빈곤을 해소하고자 하는 민간의 자생적 노력에서 출발했다. 1980년대 초 정치적 정당성이 빈약했던 군사 정부는 국제 사회의 인정을 받고자 각종 국제 행사를 유치하였다. 그리고 정돈된 국가의 모습을 보이고 싶었던 당시의 군사 정부는 도시 환경 미화와 주거 환경 개선을 명분으로 대대적인 도시 재개발을 추진했다. 이에 도시 빈민들의 집단 거주 지역이 강제로 철거되었고, 무자비한 국가 권력에 대항하는 철거 반대 운동 세력은 도시 빈민 운동의 주도적인 세력이 되었다. 그러나 1980년대 후반 세입자들에게도 임대 주택을 주면서 철거 반대 운동의 동력이 점차 약화되었다. 이에 다른 형태의 빈민운동이 필요해졌고, 이는 노동자 협동조합 형태의 생산공동체 운동으로 이어졌다.

1980년대 중반, '기독교도시빈민선교협의회'(1984년), '나눔의 집'(1985년), '천주교도시빈민회'(1985년) 등이 발족하면서 도시 빈민 운동이 체계화되었다. 이들 단체를 중심으로 복잡다단한 하청 구조 속에서 노동자들이 경험하는 임금 착취를 탈피하기 위한 수단으로, '생산공동체'가 설립된다. 당시의 핵심은 빈민 당사자가 공동체적 노력으로 삶을 바꾸고자 하는 것이었다. 1990년 기독교도시빈민선교협의회의 지도자인 허병섭 목사가 20여 명의 건설노동자들과 결성한 '건설일꾼 두레'를 시작으로, 월곡여성생산공동체, 실과바늘, 나섬건설, 마포건설, 옷누리, 한백 등 많은 생산공동체가 비슷한 시기에 출범하였다. 생산공동체 활성화에는 정부의 극심한 노동 운동 탄압과 사회주의의 와해로 동력이 약해진 노동

운동 진영과 진보 지식인들이 대안적 경제체제로 생산공동체에 관심을 가지게 된 것이 작용하였다(윌리엄 F. 화이트, 캐서린 K. 화이트. 1992; 김성오, 1994; 김기돈, 1995).

안타깝게도 생산공동체가 오래 지속되지는 못하였다. 단순 조립이나 봉제와 같은, 사양 산업에 기반하여 안정적으로 충분한 수익을 창출하기 어려웠기 때문이다. 이에 빈민운동 진영이 자활사업에 참여하기에 이르는데, 자활센터를 통한 정부의 지원이 생산공동체들에게는 안정적인 자원 확보의 창구였기 때문이다(신명호, 2000; 신명호, 김홍일, 2002; 김수영, 2006, p.47; 2013, p.266). 1996년 시범사업으로 시작된 자활사업의 수행 주체로, 보건복지부 지정 첫 번째 지역자활센터인 관악지역자활센터가 개소했다. 이를 시작으로 총 5개 자활지원센터가 설립되었는데(관악지역자활센터 포함), 당시 설립된 5개의 센터 중 4개가 '나눔의 집'이 세운 것에서 볼 수 있듯이, 초기 자활사업은 기존의 빈민운동을 계승하였다(김수영, 2013, p.266). 이에, 초기에는 노동자 협동조합으로서의 정체성이 유지되었다. 다만 조직의 법적 지위가 안정되지는 않았는데, 1997년 8월 생활보호법이 개정됨에 따라, 자활지원센터(시범사업 당시 이름)는 이후 자활후견기관이라는 이름으로 제도화되었다(백학영 외, 2023, p.189). 제도화 초기 무렵 생산공동체 운영과 관련한 노하우를 가지고 있던 민간의 제안도 정부가 긍정적으로 검토하고 수용하는 등, 민관은 협력적 관계를 유지하였다(한국지역자활센터협회, 2021, p.106).

외환위기로 실업자가 양산되고 빈곤이 극심해지면서 자활사업은 격변을 거치게 된다. 1999년 9월 생활보호법을 대체해 제정된 국민기초생활보장제도하에서(2000년 시행), 근로능력이 있는 조건부 수급자들에게 자활사업 참여가 의무화되었다. 지역사회에서 참여자를 발굴하던 것에서 정부에서 의뢰된 사람들의 자활을 지원하는 것으로 자활사업의 성격이 변모하게 된 것이다. 이는 수급자들의 취·창업이 강조될 수밖에 없는 맥락이다. 민간에서도 대안적 노력이 있었는데, 당시 기존의 빈민운동단체를 비롯해 여러 사회운동단체들이 연대하여 실업에 대응하고자 하였다. 국가와 시장에 대비되는 제3섹터 담론을 기초로, 국가의 공공근로사업을 시민사회 진영에 위탁하여 제3섹터가 성장할 수 있을 것이라 기대하였다(김신양, 1999, p.5). 그러나 외환위기의 조기 극복으로 공공근로사업이 축소되면서, 정부 재정에 의존하던 단체들은 재정적 어려움에 당면했다. 이는 국민기초생활보장법상 하나의 제도 차원에서 운영되는 자활사업을 사회운동 세력에서 수용하는 배경으로 작용했다.

국난을 거치며 민간의 자활사업 주체 내부에서도 변화가 있었다. 국민기초생활보장법의 제정과 맞물려 자활사업은 전국 단위의 공식 사업으로 발전하였다. 그리고 대규모로 늘어난 자활사업 참여자들을 지원하고자 사회복지관들이 지역자활센터로 지정되었다(김수영, 2013, p.270). 이에 지역자활센터 업무를 위탁받은 사회복지관이 기존의 빈민 운동 진영에서 출발한 센터의 수를 능가하기에 이른다(김승오, 2001, p.78, 김수영, 2013, p.270에서 재인용). 빈민운동 진영을 비롯한 사회운동 세력과 사회복지관은 자활사업에 대한 관점에서 다소 차이가 있었지만, 자활사업이 정부의 복지사업의 하나로 정착되어 사업 운영이 획일화되고, 관리가 강화되면서 자활사업 운영을 둘러싼 세부 사항을 개선하는 것으로 두 진영 모두 집중했다(김수영, 2013, pp.270-271). 이에 자활사업을 추진하는 민간 주체 내부에서보다는 협력적 관계를 유지하던 정부와 지역자활센터 사이에 갈등이 고조되었다.

국가에 의한 제도로 자활사업이 점차 안착되면서, 관리자로서 정부의 역할이 강조되기 시작한다. 이 과정에서 민관의 갈등이 첨예화된 것은 2003년 보건복지부가 자활후견기관 규모별 보조금 차등 지원을 계획

하면서이다. 감사원이 모든 자활센터에 동일한 액수를 획일적으로 지급하는 보조금의 문제를 지적하면서, 복지부는 규모에 따른 차등 지원을 고려하게 된다. 갈등이 격화되자 복지부가 차등 지원과 지정 취소를 철회하였지만, 평가에 따른 인센티브 지급이라는 입장을 밝혔는데, 2003년 협회의 임시총회에서 인센티브 신청 거부를 결정하였다(한국지역자활센터협회, 2021, p.151). 그러나 일부 센터가 인센티브를 신청하면서 신청한 센터를 제명하는 건이 2004년 정기총회에 상정되고, 실제로 제명된 이후 2005년까지 순차적으로 재가입이 이어지는 등 내홍을 겪었다(한국지역자활센터협회, 2021, p.151). 이후에도 재무감사에 따른 지정 취소 방침, 규모별 차등 지원제도의 시행, 참여자의 취·창업 같은 단기 성과에 치중하는 등의 일로 정부와 계속해서 마찰이 있었다. 게다가 2000년대 중·후반 이후 자활사업 추진 주체들이 자체적으로 운용하였던 연구 기능 역시 중앙의 중앙자활센터를 중심으로 재편되면서, 민간 주체들에 대한 정부의 관리 기제가 더욱 강해지기도 하였다.

 2010년 후반 민관 협력을 통한 자활사업 활성화를 모색하면서 이러한 기류에 다소 변화가 생겼다. 특히, 2019년 보건복지부 복지정책관이 주관하는 민관 제도개선 협의체 회의가 그러하다. 물론, 2017년 제1차 자활급여 기본계획이 수립되면서부터 자활사업 활성화 및 양적 성과보다는 정성적 평가 중심의 성과 평가 체계 도입 등의 개편이 있었다. 이러한 변화의 연장선에서 2019년 민관 제도개선 협의체 회의를 통해 참여자에 대한 인센티브를 강화하고, 취·창업 같은 양적 성과보다는 정성적 변화, 참여자 증가 등을 강조하는 등의 대책 마련으로 이어지면서(한국지역자활센터협회, 2021, pp.256-258) 갈등이 종전보다 약화되었다.

 다른 한편, 자활사업의 태동이 민간에서 이루어졌던 것과 함께, 자활사업이 정부의 다른 사회보장제도의 발전을 견인하기도 하였다. 그 시작으로 2000년 2월 나눔의집 송경용 신부를 회장으로 사단법인 한국지역자활센터협회(이하 협회)가 출범하였고, 이듬해 4월 보건복지부로부터 사단법인 인준을 받았다(한국지역자활센터협회, 2021, p.144). 자활사업 제도화 초기부터 협회는 '국민기초생활보장 연대회의'의 일원으로 각종 정책 토론회 및 간담회 및 자활정책연구모임에 참여해 제도와 관련한 의견을 적극적으로 개진하였다. 자활사업 제도화 초기에는 매년 협회 측이 종합자활지원계획 수립안을 마련하여 복지부와 협의하기도 하였다(한국지역자활센터협회, 2021, p.146). 협회 차원에서도 2003년부터 매해 자활지원제도의 개선과 지역자활센터의 역할 재정립 등에 대해 계속해서 논의하고 있기도 하다(한국지역자활센터협회, 2021, p.157).

또한, 보건복지부가 자활사업의 5대 표준을 제시하기 전부터 협회는 업종별 네트워크에 주력하였다. 그중 하나가 간병사업인데, 2001년 간병인사업 전국네트워크 결성식을 통해 공식적으로 간병사업을 하는 자활사업단의 네트워크가 출범했다(한국지역자활센터협회, 2021, p.148). 2003년 협회는 노인장기요양 관련 복지 제도의 확대가 예정된 상황에서 자활간병사업단의 일자리 연계를 꾀하는 차원에서 노인간병지원센터의 설치를 추진하고, 이것이 노동부의 사회적일자리 사업의 일환으로 추진되기에 이른다(한국지역자활센터협회, 2021, p.148).

복권기금사업으로 시작된 가사, 간병 방문도우미 사업 또한 자활사업단이 대거 참여하였고, 권역별로 설치된 가사, 간병교육센터의 총괄조직과 2개 지부 교육센터를 한국협회가 위탁받아 운영하기도 했다(한국지역자활센터협회, 2021, p.159). 이 과정에서 체계적인 간병 인력 양성에 힘쓰는 것은 물론, 노인수발보험 진입을 위한 전략 등을 수립하기도 하였다(한국지역자활센터협회, 2021, pp.159-160). 실제로 이후 노인요양이 제도화되는 과정에서 간병사업 참여자 워크숍이나 정부 담당 부서(기획

예산처 사회서비스기반조성팀)와의 간담회 등에서 대안을 논의하기도 하였다(한국지역자활센터협회, 2021, pp.148-149). 노인장기요양보험이 제도화되면서 네트워크는 점진적으로 소멸하였으나, 자활사업과 한국의 사회보장제도 발전 과정에서 자활사업을 이끈 민간 주체들이 일정 부분 기여하였음을 알 수 있다.

제4절 시범사업과 제도화

　빈민운동의 역사부터 자활사업이 제도화되는 단계를 세 개의 시기로 구분하여 살펴보고자 한다. 앞에서 언급한 바와 같이 자활지원사업의 '제도화'는 기존의 빈민운동 진영에서 진행된 자활운동이 1996년 정부의 자활지원센터 시범사업 운영을 위탁한 시점을 자활지원사업의 원년으로 본다는 점에서 그 이전의 역사, 그리고 1996년 정부의 시범사업이 시작된 시점과 이후 1999년 9월 국민기초생활보장법 제정(2000년 10월 시행)을 기점으로 자활사업이 전국적인 사업을 확장된 시기를 중심으로 3개의 시점으로 구분하여 살펴보고자 한다. 구체적으로 ① 자활지원사업의 제도화 이전 시기(1960~1995년) ② 자활지원사업의 제도화 초기(1996~1999년) ③ 자활지원사업의 제도화 확대 시기(2000년 이후)로 구분하여 자활사업의 변화 과정을 살펴보고자 한다. 자활지원사업의 제도화 이전 시기(1960~1995년)는 사회경제적 배경과, 빈민지역의 생산공동체 활동을 중심으로 기술하고자 하며, 자활지원사업의 제도화 초기(1996~1999년)와 자활지원사업의 제도화 확대 시기(2000년 이후)는 사회경제적 배경과 함께, 제도의 변화에 대한 내용을 중심으로 기술하고자 한다. ①의 시기는 제도화 이전의 시기이므로 민간의 활동을 이해하는 데 초점을 두고자 한다. 민간의 활동이 자활사업의 제도화 과정과 이후 제도 변화를 이해하는 데 매우 중요하기 때문이다.

1. 자활지원사업의 제도화 이전 시기(1960~1995년)

가. 사회경제적 배경

1960년대 산업화와 도시화가 본격화되면서 도시 빈민층이 형성되기 시작한다. 1960년대 이후 한국은 수출 지향형 산업을 기반으로 경제 성장을 도모하였는데, 수출 지향 산업화는 저곡가 정책이 뒷받침되어야 했다. 선진국보다 값이 싸고 질이 좋은 제품을 수출하기 위해서는 저임금 노동력이 확보되어야 하며 노동자의 소비지출에서 높은 비중을 차지하는 농산물 가격을 낮추는 것은 한국의 저임금을 유지하는 방안이 되었기 때문이다 (김인걸 외, 1998; 강만길, 1999; 김수영, 2006, p.20에서 재인용). 정부의 저곡가 정책으로 인해 농촌지역에서 생업을 잃은 영세 농민들이 일자리를 찾아 대규모로 도시에 이주하면서 도시화가 가속화되기 시작하였으며, 도시 빈민 밀집 지역이 대규모로 형성되는 계기가 된다(김영석, 1985, pp. 42-43, 김수영, 2006, p.20에서 재인용).

이 시기 사회운동 차원에서 빈민운동이 발전된 양태를 이해하기 위해서는 우선 이 당시 정부의 빈민지원제도가 어느 수준이었는지 이해할 필요가 있다. 민간을 중심으로 빈민운동이 발전하게 될 수밖에 없었던 것은 이 시기의 빈곤층에 대한 정부의 공식적인 지원 수준이 매우 제한된 수준에 그치고 있었기 때문이다. 1960년대 빈민에 대한 정부의 지원은 '엄격한 선별주의'에 입각하였는데, 정부의 빈민지원 제도로 일본의 생활보호법을 모방해서 만든 생활보호법(1961년 12월 30일 공표)이 유일

했다. 생활보호법의 지원 대상인 '영세민'이 되기 위해서는 까다로운 몇 가지 요건을 충족해야 했는데 우선 ① 소득 재산 기준을 충족해야 하며 ② 부양의무자 요건을 충족해야 하고 ③ 근로능력이 없다고 여겨지는 "65세 이상의 약자, 18세 미만의 아동, 각종 질환 및 장애자, 임산부"만이 생활보호법의 생계비를 제공받을 수 있었다(김수영, 2006, p.22). 즉 소득 재산 요건뿐만 아니라 부양의무자 요건, 인구학적 기준, 근로능력 요건 등을 모두 충족한 경우에만 생활보호법상의 지원을 받을 수 있는데 당시 도시로 이주했던 영세농민들은 인구학적 기준상의 ③ 근로능력이 있다고 판단되는 자로 정부의 생활부조를 받기 어려웠다(김수영, 2006, p.22).

한편 인구학적 요인의 제한으로 생활보호법의 영세민이 되지 못한 빈민인 '준영세민'들을 대상으로 정부가 공공일자리를 제공하는 일련의 조치들이 시행되기도 하였다(김기원, 2000, p.176, 김수영, 2006, 23에서 재인용). 대표적으로 박정희 정권 시대인 1974년 이후, '새마을 노임소득사업(일명 새마을일)', '취로사업'들이 시행되었으며, 이 사업은 영세 서민들을 위해 도로 및 농로 개설, 도로 포장 등 도시환경 정비에 인력을 동원하고 보수를 지급하는 사업이었다. 그러나 취로사업의 경우 월 기준으로 10일 정도만 참여할 수 있도록 일수 제한이 있었으며, 월 수입도 10만 원 수준으로 높지는 않았다(김수영, 2006, p.22). 즉 생계를 위해 지속할 수 있는 안정적인 일자리는 아니었다. 정부의 취로사업은 1974년에 이 사업이 시작될 당시 1만 5천 명이 참여할 정도로 참여율이 높았으나 정부의 새마을 운동이 쇠퇴하면서 사업 규모도 점차 줄어들게 된다(김수영, 2006, p.22-23).

1980년에 들어선 전두환 정권은 '복지국가 건설'을 국정 목표로 세우고 '빈곤으로부터의 해방'을 주창하면서 영세민종합대책을 발표하였다(한국보건사회연구원, 1995, pp.135-136, 김수영, 2006, p.23에서 재인용).

전두환 정권의 영세민종합대책에는 "근로능력이 없는 생활보호자들은 생계비를 보장하되, 근로능력이 있는 빈민들도 정부 보호의 대상으로 포함시켜 직업훈련, 생업자금융자사업, 대도시 영세민 지방이주 지원 사업을 통한 자활을 적극적으로 지원한다"는 내용을 담고 있었다(김수영, 2006, p. 23).

전두환 정권의 영세민종합대책을 반영하여 1982년에 생활보호법이 전면 개정되는데, 기존의 생활보호법에서 영세민으로 포함되지 않는 자들도 '자활보호자'라는 명칭으로 생활보호 대상에 포함할 수 있게 된 것이다(김기원, 2000, p.176, 김수영, 2006, p. 24에서 재인용). 개정된 생활보호법의 생활보호사업에서는 자활보호, 교육보호사업으로 지원의 범위를 확대하게 되는데, 생활보호법의 '자활보호자'로 선발이 되면, 자녀의 학비 면제(교육보호), 의료비 감면(의료보호), 직업훈련을 신청한 경우 훈련수당, 생업자금융자를 신청한 경우 백만 원을 5년간 지원받을 수 있는 혜택이 주어졌다. 보건복지부 보건사회통계연보에 따르면, 생활보호자 중 도시 생활보호자가 차지하는 비중이 1980년 6%에서 1985년 22%로 증가한 것으로 나타나는데(김수영, 2006, p.24), 이러한 변화는 앞선 제도의 변화로 도시 빈민들이 생활보호법에 다수 포함되게 된 것으로 해석할 수 있다. 그럼에도 불구하고 1980년대 도시 빈민층이 정부를 통해 지원받을 수 있는 부분은 매우 제한적이었으며, 1970~1980년대 주로 도시 선교 계열을 중심으로 시작된 빈민운동은 도시 빈민들에 대한 정부의 공백을 메우기 위한 노력으로 평가할 수 있다.

나. 민간의 활동

이 시기 도시 선교 계열을 중심으로 한 빈민운동의 이념적 담론은

'공동체 조직론'에 기반하고 있었다. 연세대학교의 도시문제연구소는 1968년 12월에 설립된 우리나라 최초 도시문제 연구기관으로, 당시 도시빈민을 대상으로 선교활동을 지원하기 위해 연구소에 파견된 White 목사는 사회운동가 솔 알린스키(Alinsky, Saul)의 사회공동체 조직론(community organization)을 연구소 활동가들에게 전파하였다(김수영, 2006, p.30). 구체적으로, 사회공동체 조직론은, 빈곤 문제의 해결은 빈민들을 조직하여 빈민 공동체를 형성함으로써 해결할 수 있다고 본 것이다. 지역주민들을 사회운동에 무조건 동원하는 방식이 아닌, 공동체 활동가들이 주민들의 생활 근거지로 들어가 주민들과 철저히 동화되어 주민들을 자연스럽게 자발적으로 조직화하는 것을 목표로 한다(솔 알린스키 외, 1983; 이호, 1994; 김수영, 2006, p.30에서 재인용). 즉 공동체 조직 운동은 주민들의 '자발성'을 전제로 하는 활동이었으며, 활동가들은 지역주민들과 동화되어 활동하는 것이다.

이 시기에 대도시 선교 계열 공동체 운동은 주로 달동네에 세워진 민중교회를 거점으로 활동을 전개하였는데, 나눔의 집(1985년 설립), 기독교도시빈민선교협의회(1984년 설립), 천주교도시빈민회(1985년 설립)가 공동체 운동을 전개한 대표적인 단체들이다(김수영, 2013). 이들은 주로 도시빈민지역에서 탁아소, 공부방, 야학 등을 설립하여 돌봄이나 교육활동을 전개하였으며, 이러한 활동은 정부의 지원이 매우 부족한 상황에서 민간을 통해 자생적으로 빈민들을 위해 사회 서비스를 제공하는 역할을 한 것으로 평가된다.

1980년대 이후에는 사회변혁운동인 사회주의가 본격적으로 유입되면서 빈민운동이 급진화되는 양상을 보이기도 한다. 공동체 조직의 빈민운동이 '사회운동'으로 변혁되었던 계기는 전두환 정권이 1982년 말 주택정책의 일환으로 시작한 합동재개발 사업이라고 할 수 있다. 전두환 정권은 86

아시안 게임과 88 올림픽을 앞두고 도시 환경 미화와 주거 환경 개선을 명분으로 대대적인 도시 재개발을 추진했다. 이에 도시 빈민들의 집단 거주 지역이 강제 철거되었다. 당시, 서울 내의 대표적인 재개발 지역은 목동과 상계동으로, 판자촌 주민들은 정부의 강제 철거에 대항하며 철거반대 주민 조직을 자발적으로 결성하게 된다.

이 사건은 빈민운동이 사회운동으로 변혁되는 시발점이 된다(김수영, 2006). 이들은 독점 개발주의 담론을 바탕으로 하는 정부가 빈민들에 대해 일방적으로 추진하는 행동에 저항하며, 빈곤은 국가독점의 자본주의 착취로 인해 발생하는 것으로 보고, 이에 대항하기 위해 노동자, 농민 등을 포함한 모든 피지배계층의 연대와 투쟁이 필요하다고 보았다(김수영, 2006). 이 시기의 '사회변혁운동'은 기존의 '공동체 운동'과는 근본적으로 이념적 지향의 차이가 있었는데 기존의 공동체 운동은 보육이나 교육 같이 "판자촌에서 자신들의 공통된 문제를 해결하기 위해 주민공동체를 형성하는 것"(한국도시연구소, 1999, p.52)을 목적으로 했다면(김수영, 2006, p.34), 사회변혁운동은 노동자, 농민 연합을 통해 국가 체제 자체를 전복시키는 것을 목적(박현채, 1988; pp.131-152; 김수영, 2006, p.34에서 재인용)으로 한다는 점에서 빈곤 문제의 원인을 바라보는 방식과 이를 해결하는 방식에서 온도 차가 큰 것을 볼 수 있다. 기본적으로 사회변혁운동은 사회구조체계를 형성한 정부에 적대적인 입장을 취하는 것이었다.

1990년대 이후에는, 빈민운동 진영의 활동이 1980년대까지 치중하고 있던 철거 투쟁에서 '생산공동체 운동'으로 전환되게 된다. 이는 1990년대 이후 빈민 밀집 지역이 가시적으로 줄어들었기 때문이며, 정부가 세입자들에게도 임대아파트를 공급함으로써 철거 반대 투쟁 운동은 동력을 상실하게 된다. 이에 종교 운동에 기반을 두었던 빈민운동조직들은 철거 투쟁 활동과 사회변혁이라는 목표를 폐기하고 변화된 상황에 맞춰 빈민운동

활동 목표를 수정할 필요성이 대두된다(김수영, 2006, p. 39).

'생산공동체 운동'은 일하는 빈민들이 가난한 이유가 노동자의 소득을 갈취하는 중간 하청 생산체계에 있다고 보고, 중간 하청구조를 타파하여 노동자와 소비자를 직접 연결하는 생산체계를 구축하는 것이 노동자에게 적정 소득을 보장하는 방안으로 보았다. 당시 건설업, 제조업, 섬유 사업은 다단계 하청구조로 악명 높은 사업으로, 중간의 하청단계로 인해 임금 착취가 심각했고 이에 말단 노동자들은 저임금의 굴레에서 벗어날 수 없었다. 이에 종교 기반의 빈민운동 진영은 생산공동체 운동을 전개하는데, 생산공동체 운동의 대표적 사례로 〈기독교도시빈민선교협의회〉의 허병섭 목사가 설립한 '건설일꾼 두레'라는 생산공동체이다. 허병섭 목사는 다단계 하청구조로 인한 빈민들의 삶을 직접 체험하기 위해 1989년에 목사직을 내려놓고 건설노동자로 일하면서 건설업 하청구조의 뿌리 깊은 문제를 몸소 깨닫게 된다. 허병섭 목사는 중간 다단계 하청구조를 없애고 소비자와 건설노동자를 직접 연결하는 것이 건설노동자들이 빈곤에서 벗어나는 길이라고 생각하여, 1990년 건설노동자 20여 명과 함께 '건설일꾼 두레'라는 생산공동체를 만들었다(도시빈민연구소, 1991, 178, 김수영, 2006, p. 43에서 재인용).

생산공동체 운동은 활동가들이 빈민 밀집 지역의 빈민 노동자들을 결집해 공동작업장을 꾸리면서 시작하였다. 공동작업장에서는 건설업이나 봉제 등 일감을 모으고 공동으로 제품을 생산하는 것을 목표로 했는데, 생산공동체 운동은 단순히 다단계 하청구조의 부조리를 차단하는 것뿐만 아니라, 노동자들이 노동 과정에서 주체적으로 결집하고, 참여하고, 자신의 목소리를 냄으로써 노동 과정에서 소외되는 것을 막는 방안으로도 여겼다. 생산공동체의 대표적인 사례로 1990년에 결성된 '건설일꾼 두레'와 '두레협업사'는 빈곤 지역 생산공동체의 모태로 언급되며, 1991년에 '월곡

여성생산공동체'가 결성되고, 1992년에 대한성공회 '나눔의집(Sharing House)'에서 만든 건설노동자협동조합인 '나섬건설'과 봉제노동자협동조합인 '실과 바늘', 1992년에 '마포건설' 등이 만들어진다(김수영, 2006, p.46).

1992년 빈민운동 활동가들은 서구의 생산자협동조합의 사례를 접하게 되는데, 생산자협동조합은 자본주의 체제 내부에서 노동자들이 스스로 기업을 공동으로 경영하고, 공동으로 제품을 생산하며, 공동으로 이익을 분배하는 생산조직이라는 원칙을 가진 조합으로(윌리엄 F. 화이트, 캐서린 K. 화이트, 1992; 김성오, 김규태, 1992; 김수영, 2006, p.44에서 재인용), 자본주의 체제에는 불만이 있으나 사회주의 체제를 표방하기를 원치 않았던 사회운동 세력에게 생산공동체는 '제3의 길'로 각광받게 된다(김성오, 1994; p.2, p.5; 김수영, 2006, p.44에서 재인용).

이에 영향을 미친 서구의 사회적협동조합의 사례는 스페인의 '몬드라곤 협동조합'[14])으로, 이는 자본주의 체계에서 일하는 사람이 노동 자체와 노동 과정에 소외되지 않으면서 생산 효율성을 높일 수 있는 사례로 평가되었다(박종렬, 1992; 이후, 1994; 김홍일, 1994; 김기돈, 1994, 1995; 김수영, 2006, p.45에서 재인용). 빈민운동 진영은 생산자협동조합을 조직의 담론으로 받아들이면서 생산공동체의 체계적인 틀을 갖춰 나가기 시작하는데, 1990년대 초 노동운동가와 진보 지식인들은 1990년 초에

---

14) 스페인의 몬드라곤 협동조합은 1956년 스페인 북부 몬드라곤에서 결성된 협동조합이다. 몬드라곤에 부임한 아리에타 스페인 신부는 지역 청년들과 함께 협동조합 사상을 공부하면서 5명의 청년과 함께 '종업원 공동소유, 직접 민주주의, 자율경영, 능력에 따른 균등분배'를 목표로 하는 생산자협동조합 '울고(ULGOR)'를 설립한다. 5명으로 시작한 울고는 2009년경에는 약 10만 명이 약 220개의 협동조합에 고용되어 있으며(김수영, 2006. p.45), 일자리 유지 및 창출을 위한 기본 미션과 방침, 전략 등은 지난 50년간 기업 스스로 일자리를 유지하고, 나아가 일자리를 창출한 성공적 사례로 평가된다(조은상, 2009). 더 자세한 내용은 '몬드라곤에서 배우자'(윌리엄 F. 화이트, 캐서린 K. 화이트, 김성오 역, 1992)에서 확인할 수 있다.

몰락한 사회주의를 대체할 경제체제로 협동조합에 주목하였으며, 1992년 이후 빈민운동 진영에 생산자 담론이 안착하면서 생산공동체 운동은 폭발적으로 성장하게 된다.

　빈민운동 진영의 생산공동체 담론은 빈민운동의 대안적 경제질서를 만드는 이론으로 여겨졌으나, 실제로 생산공동체 활동은 성공적으로 정착되지는 못했다. 당시 생산자협동조합은 주로 건축일, 봉제, 단순조립 작업 같은 사양 사업에 기반하였기 때문에 조합이 성장을 하는 데에 근본적인 한계를 가지고 있었으며, 협동조합이 안정적으로 유지되기 위해서는 조합을 운영하기 위한 재정, 경영 기술이 필요했으나 협동조합 내의 자본만으로는 이를 안정적으로 운영하기에 부족하다는 점 또한 걸림돌로 작용한 것이다(신명호, 2000; 신명호, 김홍일, 2002; 김수영, 2006, p. 47에서 재인용). 이에 생산자 협동조합은 오래 가지 못하고 문을 닫거나 다시 여는 상황을 반복하게 된다. 생산자 협동조합이 안정적으로 지속되기 위해서는 경영 기술을 포함해 안정적 재원을 마련하는 것이 필수적인 상황이 되어버린 것이다. 1990년대 초반 생산자 협동조합이 직면했던 재정 부족의 한계는, 이후 정부가 재정을 지원하고 빈민운동 진영이 실제 사업 운영을 맡는 자활 시범사업을 시행하는 과정에 있어서 민간운동 진영이 실질적으로 정부와 손을 잡게 되는 계기가 되기도 한다.

2. 제도화 초기(1996년~1999년)

가. 사회경제적 배경

　1993년 집권한 김영삼 정권은 개발독재 시기에 미흡했던 복지국가를 확충할 과제를 안고 있었다. 김영삼 정권은 '삶의 질 세계화'를 사회복지

정책의 이념과 목표로 정하였으며 기본 구상으로 '21세기 국민복지의 비전'으로서 생산적·예방적 복지를 추구하였으며, 이를 추진하기 위해 '국민복지기획단'을 창설하였다. 구체적으로 5개의 과제를 발표하였는데 "Ⅲ. 국민최저생활 수준의 보장"에서는 '자립지원을 위한 생산적 복지 시스템의 구축'을 위해 ① 영세민 자활 공동체 결성, ② 영세민 밀집 지역에 자활후견기관(자활지원센터) 지정·운영, ③ 민간 주도의 자활지원재단 설치 등 자활지원센터에 대한 구체적인 정책이 제시된다(이문국 외 2010, p. 24; 백학영 외, 2023, p.188).

당시 복지기획단에 참여한 학계 전문가들은 생산공동체 운동 진영에서 제안한 논의를 바탕으로 생산공동체 모형이 적용된 생산적 예방적 복지를 구상하게 되는데(이문국 외, 2009, p. 32), 이 과정에서 핵심적인 역할을 한 것은 한국개발연구원의 권순원 박사이다. 1993년 한국개발연구원의 권순원 박사는 생산공동체를 복지국가의 대안 모델로 소개하면서, 빈민운동 진영의 활동이 처음으로 제도권에서 주목할 사례로 등장하게 된다(김수영, 2006, p. 48). 권순원 박사는 생산자 협동조합을 "개발 독제 시대에 희생양이었던 도시빈민을 위한 민주적이고 효과적인 탈빈곤 대책"이라고 언급하면서 정부는 빈민 밀집 지역에 생산자 협동조합이 조직될 수 있도록 빈민운동 단체에 재정을 지원해야 된다고 주장하였다(권순원, 1993: pp. 66-67; 김수영, 2006, p. 48에서 재인용).

학계 전문가들의 의견을 받아들여 1996년 정부는 자활시범사업을 시작할 때 빈민운동 단체들에게 자활사업의 일선 행정기관인 지역자활센터를 운영하도록 제안하게 된다. 1996년 자활 시범사업 첫해에 5개의 자활지원센터가 정부 지원금을 받고 빈민 밀집 지역에 설립되는데, 관악자활지원센터, 노원자활지원센터, 마포자활지원센터, 인천동구자활지원센터, 대전동구자활지원센터로 5개소 중 4곳은 대표적 빈민운동 단체인

〈나눔의 집〉에 의해 세워졌으며, 1곳은 종합복지관15)에서 설립되게 된다(김수영, 2013, p.268).

1997년에는 5개소가 추가로 지정-서울 성북, 부산 사상, 대구 북구, 광주 남구, 경기 광명-되면서 자활센터가 총 10개소로 늘어나는데, 1997년 당시 10개의 자활센터의 기관명과 각 기관이 운영했던 사업은 〈표 2-2〉와 같다. 당시 자활지원센터의 사업 내용을 보면 청소용역이나 봉제작업, 건설업, 도배 용역 등 생산공동체 활동이나 공동작업장을 조직하는 활동이 중심이 된 것을 볼 수 있다. 기존의 민간에서의 생산공동체 활동이 정부의 시범사업으로 계승된 것이다(김수영, 2013, p.266). 이에, 초기에는 노동자 협동조합으로서의 정체성이 유지되었다.

1996년 자활센터가 시범운영 될 당시에는 법적인 근거 없이 사업이 시작되었으나 1997년 11월 생활보호법이 개정되면서 동법 제11조 2항을 통해 '자활후견기관'16) 지정 및 운영에 관한 법적 근거를 갖추게 된다(백학영 외, 2023, 188). 제도화 초기 무렵 생산공동체 운영에 관련한 노하우를 가지고 있던 민간의 제안도 정부가 긍정적으로 검토하고 수용하는 등, 민관은 협력적 관계를 유지했다(한국지역자활센터협회, 2021, p.106).

1996년 정부의 자활 시범사업 시행 후 1년 후 발생한 1997년 외환위기는 자활사업이 확대될 수 있는 중요한 사회적 배경으로 작동한다. 1997년 외환위기 이후 실업률이 급등하게 되면서 이 시기에 한국의 사회

---

15) 이대 성산복지관이 위탁받은 마포자활센터이다. 빈민 밀집 지역인 영구아파트에서 사회복지서비스를 제공하던 지역복지관 역시 빈민운동 단체와 마찬가지로 지역을 기반으로 지역주민을 위한 일자리를 제공하는 활동을 했다는 점에서 1996년 자활지원센터 시범사업 초기 사회복지관을 자활지원센터 운영 주체로 고려하는 근거가 되었다(한국보건사회연구원, 1995; 국민복지기획단, 1995; 김수영, 2006).
16) 현재의 '지역자활센터'는 1996년 시범사업 당시 '자활지원센터'라는 명칭으로 운영되었으며, 1997년 '자활후견기관'으로 명칭이 변경되었고, 2006년에는 현재의 '지역자활센터'라는 명칭으로 변경되었다.

안전망의 미비 문제가 사회적으로 대두되게 된다. 당시 실업자들의 유일한 사회안전망인 고용보험은 외환위기 직전인 1995년에 도입되었으며 도입 당시에도 안정적인 정규 근로자들만을 포괄하고 있었다는 점을 고려할 때 외환위기 발생할 당시에는 대부분 저소득 실업자들은 정부의 사회안전망에서 배제되어 있는 상황이었다. 기존의 노동시장의 전제는 근로능력이 있는 자들은 노동을 하는 것으로 전제하던 것에서 1997년 외환위기는 근로능력이 있음에도 불구하고 노동시장이라는 환경적 요인으로 인해 근로능력이 있는 상당수가 비자발적으로 실직 상태에 놓일 수 있다는 점을 체감하게 하는 상황이었다. 이러한 맥락에서 빈민층을 대상으로 노동활동에 참여하도록 하는 자활사업은 당시 시대적 환경에 따라 사회적 정당성을 획득하는 중요한 계기가 된다.

〈표 2-2〉 1997년 자활지원센터 지정 현황 및 사업 내용

기관명	개소 연도	사업 내용
서울 관악 자활지원센터	1996	푸른환경(청소용역 공동체), 비전(건설일용직 공동체) 나눔물산(봉제 작업장), 생업자금 융자 알선 신림7동 공동 부업장, 장애인 직업재활센터(직업교육/작업장)
서울 노원 자활지원센터	1996	늘푸른환경(청소용역공동체), 우리품새, 실과바늘(봉제 작업장) 생업자금 융자 알선, 직업교육 및 알선, 특별 취로사업
서울 마포 자활지원센터	1996	성산 아름회(파출 및 간병 회원 교육 및 알선) 공동 부업장, 아름다운세탁나라(세탁 공동 작업장), 생업자금 융자 알선
인천 동구 자활지원센터	1996	창도(자동차 배선 공동 부업장), 옷누리(봉제 작업장) 특별 취로사업, 풀비(도배용역공동체) 다산건축(건설일용직 공동체), 생업자금 융자 알선
대전 동구 자활지원센터	1996	일꾼쉼터(건설일용직 노동자 쉼터) 청소하기좋은날(청소용역공동체), 솜씨공동체(공동 부업장) 가내부업 및 공동 부업장, 생업자금 융자 알선
서울 성북 자활지원센터	1997	공동 작업장(개량한복 봉제), 사랑방 운영 용역 협동조합(건설일용직, 간병인, 보모)
부산 사상 자활지원센터	1997	노인 작업장(굴 유생 부착기 조립) 장애인 작업실(자동차 부품 조립)

기관명	개소 연도	사업 내용
대구 북구 자활지원센터	1997	무료 직업 안내, 협동조합, 공동체 형성 자활교육(주부, 고령자 단기 적응훈련), 가정복지사업
광주 남구 자활지원센터	1997	창업 자활자립, 가내 부업 알선 협동조합, 공동체 형성, 가정복지시설
경기 광명 자활지원센터	1997	직업보도교육(제과제빵, 한식조리사, 미용), 취업 알선

출처: 보건복지부, 내부자료(1997) 자활지원센터 실적평가 내부자료, 김수영 2006, p.55에서 재인용

1998년 정부는 한시적 공공근로사업과 특별취로사업을 추진하게 된다. 한시적 공공근로사업은 사회적으로 대거 양산된 실직자들이 새로운 직장을 구하기 전까지 공공부문에 고용함으로써 최저생계비를 보장하는 것을 목적으로 하고 있었다(행정자치부, 1999, 김수영, 2006, p. 61에서 재인용). 특별취로사업은 '근로능력을 가진 저소득층들이 빈곤에서 탈출하기 위한 자활프로그램(공동작업장 또는 생산공동체-임시경비, 건설 노무자, 도배공, 파출부 등)에 참여하는 것을 조건으로 최소한의 근로수당을 지급'하는 제도였다(조경식, 2011; 백학영 외, 2023, 188에서 재인용). 1998년 공공근로사업이 시작될 당시 실업운동 단체[17])들은 공공근로사업을 민간에 위탁할 것을 제안하였는데, 이는 공공근로사업이 정부 행정기관 주도로 이루어질 경우 빈민들의 생활을 가까이서 파악할 수 없고, 전담 인력이 부족한 상황에서 사업 실효성이 떨어질 것이라는 판단으로(김수영, 2006, p. 64), 기존의 지역을 기반으로 하는 자활단체가 이 특별취로사업을 위탁하는 것이 실질적인 사업 운영의 효율성을 높일 것이라고 판단했기 때문이다. 이에 정부가 "공공근로사업 시행지침"에서 지방자치단체별 공공근로사업 예산의 10% 범위 내에서 민간단체의 공공

---

17) 이 시기 사회운동에서는 1998년부터 1999년까지 동시다발적으로 출범한 실업운동 단체들이 빈민운동 단체를 비롯하여 노동운동 단체, 시민운동 단체, 여성운동 단체 등 범실업운동 연대조직의 형태로 출범하게 된다.

근로사업 위탁을 허용하게 되면서(한국도시연구소, 1999, 20; 김수영, 2006, p.67에서 재인용) 기존의 자활 시범사업을 운영하던 자활지원센터의 일부는 정부의 공공근로사업을 위탁받게 된다. 공공취로사업을 정부에서 위탁받게 되면서 자활지원센터는 직업능력을 개발하고, 판로 개척 등에 필요한 견습 기간 등의 운영 준비를 위한 기간과 초기 사업 운영에 대한 자금을 확보할 수 있게 된다(백학영 외, 2023, p. 189).

나. 제도적 특성과 변화

자활지원센터의 모형은 노인철 외(1995)의 연구에서 제시되었으나, 이는 민간의 경험을 정부의 사업모형으로 제시한 것이다. 이 연구에 따르면, 자활지원센터를 이전의 생활보호제도하의 자활보호 대상자 중에서 근로능력이 있는 자들이 창업 및 취업을 하고자 할 때 초기에 부딪힐 수 있는 각종 위험과 초기 비용을 줄여줌으로써 자영 창업 및 취업의 분위기를 조성하고 확산시켜 저소득층의 자활을 촉진하고 조기에 자립, 안정할 수 있도록 종합적으로 지원하는 센터로 정의하고 있다(노인철 외, 1995: 392). 연구에서 제안한 지원센터의 역할은 정보제공 및 자활교육과 자금융자알선, 자활협동생산공동체지원으로 다음 그림과 같으며, 이 연구를 바탕으로 1996년 전국에 5개의 '자활지원센터'를 설치, 운영하게 되었다(신명호·김홍일, 2002). 1996년 5개소로 시작했던 자활센터는 1997년 10개소, 1998년 17개소로 늘었고, 1999년에 자활후견기관은 20개의 기관으로 확대되었다.

[그림 2-1] 자활지원센터 역할 모형(안)

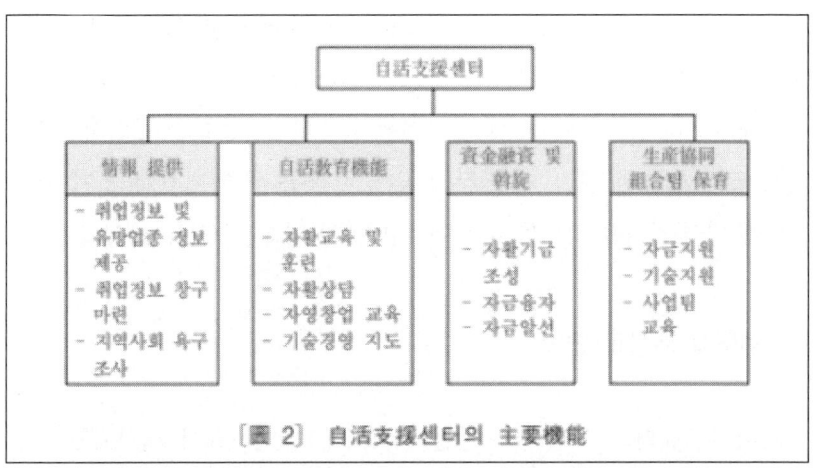

출처: "저소득층 실태변화와 정책과제: 자활지원을 중심으로", 노인철 외, 1995, 보건사회연구원, 삼성복지재단, p.54.

　정부는 각 센터에 대해 연간 1억 원의 운영비와 자활프로그램을 지원했으나(신명호·김홍일, 2002, p.9), 시범사업 첫해인 1996년에는 국고보조금만으로 지원되었고, 그 이후부터는 국고와 지방비의 매칭으로 교부 운영되었다. 법적 근거가 없는 자활지원센터는 1997년 11월 생활보호법이 개정되면서 동법 제11조 2항을 통해 '자활후견기관'의 지정·운영에 대한 법적 근거를 갖추었고, 명칭도 자활지원기관에서 자활후견기관으로 변경하였다. 1차 연도인 초기 자활지원센터들은 생산공동체 운동에서 경험이 있는 민간조직들을 중심으로 지정되었고, 2차 연도에는 사회복지법인이, 3차 연도 이후에는 시민단체 등 다양한 민간조직들이 지정되었다. 1999년까지 지정된 자활지원센터 지정 현황은 아래 표와 같다(김성오, 2010).

〈표 2-3〉 초기(1996~1999) 자활지원센터 지정 현황

년도 (개소)	지역	운영 법인(단체)	유형
1996 (5개)	서울 관악	(재) 대한성공회 봉천동나눔의집	종교단체
	서울 노원	(재) 대한성공회 상계동나눔의집	종교단체
	서울 마포	(학) 이화학당 성산종합사회복지관	학교법인
	인천 동구	(재) 대한성공회 송림동나눔의집	종교단체
	대전 동구	(재) 대한성공회 성남동나눔의집	종교단체
1997 (5개)	서울 성북	(재) 대한성공회 성북나눔의집	종교단체
	부산 사상	(사회) 청십자두레마을 모리종합사회복지관	사회복지법인
	대구 북구	(사회) 생명의전화 산격종합사회복지관	사회복지법인
	광주 남구	(사회) 인애동산 인애종합사회복지관	사회복지법인
	경기 광명	(사회) 한국복지재단 하안종합사회복지관	사회복지법인
1998 (7개)	부산 동구	(사회) 한국복지재단 동구종합사회복지관	사회복지법인
	대구 남구	(사회) 불교사회복지회	종교단체
	울산 남구	(사단) YMCA 남구종합사회복지관	사단법인
	울산 북구	참여자치연대	시민단체
	충남 천안	(재) 대한성공회 쌍용나눔의집	종교단체
	전북 전주	(재) 대한성공회 전주교회	종교단체
	전남 해남	(사회) 두성재단 해남종합사회복지관	사회복지법인
1999 (3개)	경기 성남	(사단) 한국참사랑복지회	사단법인
	강원 태백	(사회) 태백사회복지회	사회복지법인
	경북 포항	(사회) 열린가람	종교단체

출처: "자활사업 15년, 협회창립 10주년 기념백서", 김성오, 2010, 한국지역자활센터협회.

3. 자활사업의 제도화 이후 시기(2000년대 이후)

가. 사회경제적 배경

정부의 공공근로 민간위탁을 대부분 전담하던 빈민운동 단체들은 1999년에는 재정적 위기를 맞게 되는데, 외환위기 직후 1998년 7%에 육박하던 실업률이 1999년 말에는 3%로 하락하면서 공공근로 민간위탁

사업 규모가 축소되었기 때문이다. 공공근로사업의 규모는 1999년 2조 5,000억 원에서 2000년에는 1조 원 내외로 절반 이하로 축소하게 되면서, 정부 재정에 상당 부분 의존하던 빈민운동 단체의 운영 활동이 위기를 맞이하게 된다. 이러한 상황은 이후 정부가 1999년 3월 국민기초생활보장법 제정 당시 국기법의 제도의 하나로 운영되는 자활사업을 빈민 실업운동 진영이 맡게 되는 배경으로 작용한다. 즉, 1996년 시범사업 당시 생산공동체 운동을 중심으로 전개되던 자활지원사업이 현재의 근로연계복지의 형태를 띠게 된 것은 1999년 9월 국민기초생활보장법 제정 이후(2000년 10월 시행)라고 할 수 있다.

1997년에 시작된 외환위기로 실업자가 양산되고 빈곤이 극심해지면서 자활사업은 격변을 거치게 된다. 1999년 9월 생활보호법을 대체해 제정된 국민기초생활보장제도하에서(2000년 시행), 근로능력이 있는 조건부 수급자들에게 자활사업 참여가 의무화되었다. 지역사회에서 참여자를 발굴하던 것에서 정부에서 의뢰된 사람들의 자활을 지원하는 것으로 자활사업의 성격이 변모하게 되었다.

민간에서도 대안적 노력이 있었는데, 당시 기존의 빈민운동 단체를 비롯해 여러 사회운동 단체들이 연대하여 실업에 대응하고자 하였다. 국가와 시장에 대비되는 제3섹터 담론을 기초로, 국가의 공공근로사업을 시민사회 진영에 위탁하여 제3섹터가 성장할 수 있을 것이라 기대하였다 (김신양, 1999, p.5). 그러나 외환위기가 조기에 극복되어 공공근로사업이 축소되면서, 정부 재정에 의존하던 단체들은 재정적 어려움에 당면했다. 이는 국민기초생활보장법상 하나의 제도 차원에서 운영되는 자활사업을 사회운동 세력에서 수용하는 배경으로 작용했다.

국민기초생활보장법은 "근로능력, 연령에 상관없이 실직 등으로 소득이 최저생계비에 못 미치는 가구에 대해서는 국가가 안정적으로 생계를 보장해야 한다"(참여연대, 1998; 김수영, 2006, pp.68-69에서 재인용)는 것으로 기존의 생활보호법상의 특정 인구만을 대상으로 하고 한시적으로 생계비를 지원하는 것이 아닌 인구학적 조건과 상관없이 모든 저소득층의 지속적인 최저 생계를 국가가 보장한다는 점에서, 당시의 국기법 제정은 저소득층의 사회권 보장 측면에서(이문국 외, 2009) 진일보된 사회적 변화로 평가되기도 한다.

국기법을 제정할 당시 시민단체들이 초기에 입법 청원한 국기법안은 "생계급여를 모든 수급자에게 별도의 조건 없이 지원하는 것"을 골자로 하였다.[18] 1998년에 상임위의 법안심사소위에서 심사하는 과정에서 관련 부처와 소속 위원 등은 '근로의욕 저하' '복지의존' 등 수급자들의 도덕적 해이의 문제가 발생할 수 있다는 점을 언급하며, "수급자의 생계유지 능력을 감안하여 생계급여를 달리 행할 수 있도록" 하는 '조건부 규정'을 제시한다. 이에 "근로능력이 있는 수급자에게 자활사업에 참여를 조건부로 생계비를 지급한다"는 규정이 포함(정경실, 2001, p.83; 김수영, 2006, p. 70에서 재인용)되고, 현재의 근로연계 복지제도의 한 형태로 자활사업이 운영되는 계기가 된다.

나. 제도적 특성과 변화

국기초 제정 이후 자활사업의 중요한 변화는 자활사업의 주된 참여 대상이 변화된 것이라고 할 수 있다. 국기초에서는 생계급여의 수급 대상이 된 자들을 근로능력 여부로 ① 근로 무능력자와 ② 근로능력자로 구분

---

18) 국기법을 제정하는 과정에서 참여연대 등 시민운동 단체는 빈민 실업운동 단체를 영입하는데, 대표적인 인물로 빈민 실업운동 단체인 〈나눔의 집〉 송경용 신부를 영입하게 된다. 송경용 신부는 1997년 관악 나눔의 집, 관악자활지원센터, 한국자활지원센터협회장으로 복무하면서 자신이 영향력을 행사하고 있는 실업 빈민운동 단체에 국민기초생활보장법의 필요성을 알리는 데 중요한 역할을 한 인물이다.

하는데, 근로 무능력자는 용어 그대로 근로를 할 수 있는 능력이 없다고 판단되는 빈민층으로 이들은 기존의 생활보호법상의 지원과 마찬가지로 '조건 없이' 생계급여를 받을 수 있다. 그러나 근로능력이 있다고 판단되는 빈곤층은 '노동'을 하는 조건으로 생계급여를 받게 되는데(조건부 규정), '조건부 수급자' 중 상대적으로 근로능력이 높아 노동시장에 취업하는 것이 가능하다고 판단되는 저소득층은 '취업 대상자'로 분류되며 노동부의 고용안정센터에서 직업훈련이나 창업을 지원받도록 하였으며, 근로능력이 다소 미약하다고 간주되는 비취업 대상자들은 보건복지부가 관할하는 자활후견기관에 배치되어 자활공동체나 자활공공근로사업에 참여하게 된다(보건복지부, 2003, 김수영, 2006, p.126에서 재인용).

기존의 생산공동체 운동과 이를 계승한 1996년 정부의 자활 시범사업 당시 자활사업 참여자들은 근로능력이 있는 빈민층들이 자활사업에 자발적으로 참여하도록 한 것을 전제로 하였다면, 2000년 이후 국기초의 조건부 수급자들은 빈민층 중에서도 근로능력이 있으나 취·창업은 어려운 자들로 근로능력에 있어서도 이전 참여자들과 차이가 있었으며, 이들은 생계급여를 수급하기 위해 어쩔 수 없이 자활사업에 참여하는 자들로, 사업 참여자들이 자활사업에 참여한 동기적 측면에서도 큰 변화를 보였다고 할 수 있다.

[그림 2-2] 자활사업 대상자별 흐름도

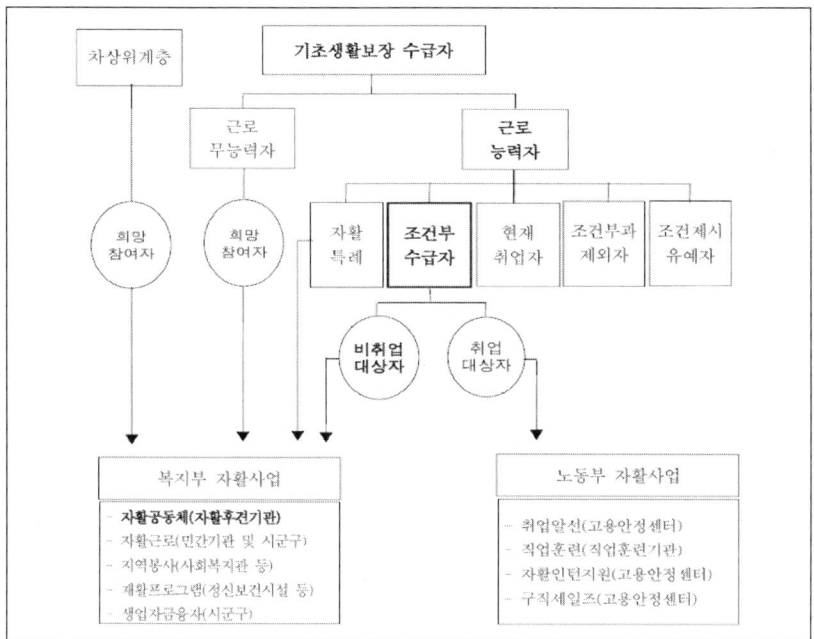

출처: 보건복지부, 2003, 자활지원과 내부 자료, 김수영, 2006, p.126에서 재인용.

국기법에 따른 자활사업이 시행되면서, 자활공동체와 자활공공근로 사업을 관할하는 자활후견기관 역시 기존의 자활센터와 유사하게 민간단체에 위탁하는 방식으로 운영된다. 이에 기존의 자활지원센터들은 2000년 이후 국기법상의 자활사업을 이어서 수행하게 된다.

자활지원센터의 사업모델은 민간의 공동사업장과 생산공동체 모델이 각각 자활근로와 자활공동체, 두 개의 영역으로 정리되었다. 2003년 이후 지역자활센터들은 대기업, 공기업들의 사회기여사업, 복권 등 정부기금 사업, 정부의 사회적일자리 사업 및 기타 부처들과의 협력사업 등에 적극적으로 참여하게 된다. 이로 인해 자활센터사업은 자활근로와 자활공동체 사업 이외의 새로운 사업 영역까지 확장된다(노대명, 이인재, 이문국, 2008).

자활사업이 전국적으로 확대되면서 중앙정부는 점차 자활사업을 표준화하려는 시도를 보인다. 2003년 자활사업지침에는 지역사회 여건에 맞는 독창적인 시장형 프로그램의 연계를 확대하고 근로능력과 여건상 정규 노동시장 진입이 어려운 수급자의 자활·자립 지원을 위해 지속성과 안정성을 담보할 수 있는 공익사업을 전국적으로 표준화하여 시행할 것을 제시하는데, 이는 5대 표준화 사업으로 간병 도우미, 음식물 재활용, 집수리, 청소, 자원재활용사업을 제시하였다(백학영 외, 2023, p. 195).

5대 표준화 사업은 독자적으로 프로그램을 설계할 능력과 여력이 없던 자활후견기관에게 가이드라인을 제시했다는 점에서는 긍정적 평가도 있으나, 동시에 다양한 사업이 탄생할 가능성에 대해서는 부정적인 영향을 미쳤다는 평가가 공존하기도 한다(이문국 외, 2009, p.73).

또한 자활사업 참여자들이 자활사업에 참여하는 경로에 대해 하나의 발전경로를 제시하는데 '사회적응 프로그램 → 자활근로사업 → 자활공동체사업/취업'으로(이문국 외, 2009), 자활사업의 단일화된 발전경로가 자활 사업지침으로 구체화된다. 그러나 실제로 자활사업 참여자 내의 다양한 사업 참여 경로를 고려하지 않아 실제 사업을 운영하는 과정에서 참여자들이 예측하지 못한 경로 이탈을 하게 되는데, 이때 사업 내에서 유연하게 운영될 수 있는 자율성을 잃게 된다.

한편 2000년 이후 자활사업의 민간위탁 기관으로 참여할 당시 빈민운동 진영의 일부는 정부의 자활사업이 서구사회에서 활성화되었던 '제3섹터'의 맹아로 기능할 것이라는 기대도 상존하였다. 제3섹터란 "제1섹터인 국가와 제2섹터인 시장에 대비되는 시민사회"(김신양, 1999, p.5; 김수영, 2006, p. 65에서 재인용)을 일컫는 것으로, 시장 영역(1섹터)처럼 이윤만을 추구하거나, 국가(2섹터)처럼 공공활동만을 전개하는 것이 아닌, 시민사회에서 사회적 공익을 위해 일하는 사회적 사업으로 정의되며, 당시

프랑스를 비롯한 고실업 국가에서 대안적 일자리 창출 대책으로 주목받는 영역이었다. 물론 정부의 자활사업과 이후 태동된 자활기업들을 사회적기업의 시초로 평가하는 시각도 존재하나(이문국 외, 2009), 점차 정부의 빈곤층 지원 사업의 하나로 자활사업 운영이 획일화되고, 정부의 규제가 강화된 것이 실제적인 변화였다. 즉, 자활사업의 관리자로서 정부의 역할이 강조되기 시작했다.

이러한 정부의 통제와 감시의 사례 중 하나는 정부가 차등 예산 지원 사업을 시작한 것으로, 감사원이 모든 자활센터에 동일한 액수를 획일적으로 지급하는 보조금의 문제를 지적한 데 따른 조치이다. 정부는 기존 자활후견기관에 1억 5천만 원씩 일괄적으로 지원하던 지원금을 자활후견기관의 활동을 세부적으로 평가하고 점수화하여 지원금을 차등 지원한다는 방안을 발표하였고, 2005년에 시행하게 된다. 이를 위해 정부는 2004년 4월부터 9월까지 6개월간 각 자활후견기관의 자활사업 참여자 수와 사업단 수를 조사하여 자활후견기관의 사업을 확대형(1억 7천만 원), 표준형(1억 5천만 원), 기본형(1억 3천만 원), 특화 소규모형(1억 8백만 원)으로 나누고 유형별로 지원금을 차등화했다(보건복지부, 2004; 김수영, 2006, p. 90에서 재인용).

이와 같은 조치 때문에 양측의 갈등이 격화되자 복지부가 차등 지원과 지정 취소는 철회하고, 평가에 따른 인센티브를 지급한다는 입장을 밝혔으나, 민간에서는 인센티브 신청 거부를 결정했다(한국지역자활센터협회, 2021, p.151). 그러나 일부 센터가 인센티브를 신청하면서 신청한 센터를 제명하는 건이 2004년 정기총회에 상정되고, 실제로 제명된 이후 2005년까지 순차적으로 재가입이 이어지는 등 내홍을 겪었다(한국지역자활센터협회, 2021, p.151). 2005년에 한국지역자활센터협회는 '자활정책 정상화 투쟁'에 돌입하게 되는데, 2005년 8월 17일부터 12월 2일에 이르기까지

농성을 병행한 투쟁을 전개하였다(이문국 외, 2009, p. 85).

이후에도 재무감사에 따른 지정 취소 방침, 규모별 차등 지원 제도의 시행, 참여자의 취·창업 같은 단기 성과에의 치중 등으로 정부와 계속해서 마찰이 있었다. 게다가 2000년대 중·후반 이후 민간의 자활지원센터의 협의체인 한국지역자활센터협에 내에서 운영하던 연구 기능이 중앙자활센터를 중심으로 재편되면서, 민간에 대한 정부의 관리 기제가 더욱 강해지기도 하였다. 그러나 2010년대 후반에는 민관 협력을 통한 자활사업 활성화를 모색하면서 이러한 기류에 다소 변화가 생겼다.

특히, 2019년 보건복지부 복지정책관이 주관하는 민관 제도개선 협의체 회의를 살펴보면, 2017년 제1차 자활급여 기본계획이 수립되면서부터 자활사업 활성화 및 양적 성과보다는 정성적 평가 중심의 성과 평가 체계로의 개편 등이 있었다. 이러한 변화의 연장선에서 2019년 민관 제도개선 협의체 회의를 통해 참여자에 대한 인센티브를 강화하고, 취·창업 같은 양적 성과보다는 정성적 변화, 참여자 증가 등을 강조하는 등의 대책 마련으로 이어지면서(한국지역자활센터협회, 2021, pp.256-258) 갈등이 종전보다 약화되었다.

다. 전달체계

지역자활센터는 1996년에 시범사업이 시작될 당시 5개소로 시작하였으며, 1999년에도 20개소 수준이었다. 국기법 제정 이후 자활후견기관의 수는 전국적으로 빠르게 증가하는데, 2000년 70개소, 2001년 169개소, 2005년 242개소로 단기간에 참여 기관이 기하급수적으로 확대된다(이상아 외, 2021; 백학영 외 2023, p.194에서 재인용). 시범사업 이후 자활사업이 확대되는 과정에서 초기의 자활사업은 주로 빈민운동 진영의 생산공동체 운동 경험을 가진 시민단체들이 유입되었다면, 2000년대 이후에는 사회복지관들도 자활센터를 대거 위탁받게 된다(김수영, 2013, p.270).

사회복지관을 모법인으로 하는 자활센터가 1999년 9개소에서 2001년 상반기에는 81개소까지 증가함으로써 실업 빈민운동 기관을 모법인으로 하는 자활센터의 규모를 넘어서게 된다. 다양한 참여 주체들이 자활센터로 영입되면서 정부의 공통된 자활사업을 운영하는 과정에서도 활동 주체 간 이견을 보이기도 했다. 빈민운동 단체를 모법인으로 하는 지역자활센터는 정부의 자활사업을 '공동체 운동', '사회적경제'라는 명시적 목표를 지향하면서 활동가들의 헌신과 자활참여자들과 활동가 간의 동화가 중요하다고 강조되었다. 그런데 사회복지법인을 모법인으로 하는 지역자활센터에서는 정부의 사회복지사업 중 하나를 위탁하는 것으로 사업을 이해함으로써 사업 운영 주체들 간의 사업 목표와 실무자의 역할에 대해서도 이견이 발생하기도 하기도 했다(김수영, 2013). 그러나 빈민운동 진영을 비롯한 사회운동 세력과 사회복지관은 자활사업에 대한 관점에서 다소 차이가 있었음에도, 자활사업이 정부의 복지사업의 하나로 정착되어 사업 운영이 획일화되고, 관리가 강화되면서 자활사업 운영을 둘러싼 세부 사항을 개선하는 것으로 두 진영 모두 집중했다(김수영, 2013, pp.270-271).

2000년에 국기초가 시행된 이후 자활 시범사업이 전국적으로 확대되는 과정에서 자활사업을 담당하는 부처와 기관 등 전달체계도 확대되는 변화를 경험한다. 1996년 자활 시범사업 당시 자활사업은 보건복지부가 담당하는 사업으로 출발했으나, 2000년 국기법 제정 이후에 자활사업이 전국으로 확대되면서 국기초의 조건부 수급자를 취업 대상자와 비취업 대상자로 분류하여 고용노동부가 일부 취업 대상자에 대한 사업을 담당하는 형태로 정부 부처가 이원화된다.

　이는 개별 정부 부처가 가진 기능적 분업을 고려한 것인데, 자활사업이 빈민층을 지원하는 사업이라는 점에서 복지부의 사업으로 운영된다는 것이 정당성을 부여받을 수 있었다. 그런데 국기초의 조건부 수급자의 '취업 알선 및 직업훈련 사업'은 비록 사업의 대상자가 빈곤층을 대상으로 하는 복지사업의 성격을 일부 가진다고 하더라도 노동부가 맡는 것이 타당하다는 이유에서이다.

　이에 국기초 시행 이후 복지부와 고용노동부가 이원화된 형태로 조건부 수급자를 분리하는 형태로 사업을 운영했다. 그러나 점차적으로 고용노동부의 사업 참여자의 규모가 줄어들어 실질적인 자활사업 운영을 보건복지부에서 전담하는 것으로 변화된다. 2002년 전체 자활 참여자는 47,000명인데, 이 중 보건복지부 자활사업 참여자가 45,000명으로 참여자의 상당수가 복지부의 자활사업 참여자였으며, 2005년 자활 참여자가 56,000명으로 증가한 상황에서도 고용노동부의 사업 참여자는 1,000명 수준이었다(보건복지부, 2002, 2005; 백학영 외, 2023, p.193에서 재인용). 즉, 사업 대상자 대부분이 복지부의 자활사업에 참여함으로써 자활사업의 실질적인 운영부처는 보건복지부가 된 것이다. 이러한 이원화된 체계가 유지됨에 따라 실제 사업을 운영하는 지역 단위에서는 자활사업 참여자 선정과 취업 대상자와 비취업 대상자 분류에 혼선이 빚어지는 문제들이 지속으로 제기되기도 했다(백학영 외, 2023, p.193).

　사업지원은 자활후견기관협회(이하 협회: 현재의 한국지역자활센터협회)의 사무처와 협회 부설 자활정보센터가 주로 담당하였다. 자활정보센터는 특히 사업의 모형과 정책을 개발하고, 연구 및 자문 기능을 담당하고 있었다. 5대 표준화 사업 또한 복지부의 발주로 정보센터에 연구용역을 의뢰하여 시작된 것으로 해당 연구에 기반하여 '전국 자활사업

5대 표준화 사업 매뉴얼'이 보급되기도 하였다(한국지역자활센터협회, 2010). 아래 그림은 협회 내에 설치된 당시의 자활정보센터의 기능과 역할을 나타낸 것인데 이 기능과 역할은 이후 중앙자활센터를 거쳐 현재의 자활복지개발원으로 흡수된다.

[그림 2-3] 자활정보센터의 기능과 역할

1. 자활정보센터 기능과 역할
  □ 자활후견기관 또는 자활공동체의 지원에 필요한 다양한 사례 발굴 및 모형개발
  □ 지방자치단체와 민간자활기관 간의 협력관계를 지원
  □ 자활후견기관 및 자활공동체에 전문적인 정보제공 및 경영자문
  □ 자활사업 활성화를 위한 정책개발 및 연구
  □ 민간차원의 다양한 네트워크 구성 및 민관 협력강화 지원

출처: "중앙자활센터 설립, 어떻게 채워가고 준비할 것인가", 2007, 정책위원회 2차 자활 정책 포럼 자료.

전달체계를 보다 효과적이고 효율적으로 개선하기 위해 광역 단위의 자활지원체계 구축이 논의되었다(이인재, 2003). 광역자활지원센터는 2003년 10월의 지역자활센터 운영방안 간담회에서 구체적으로 추진 방향이 논의되었고, 2004년 공모를 통해 3개 시도에서 3년간 시범 운영되었다(이상아 외, 2021, pp.149-150). 보건복지부[보건복지가족부]는 공모 방식으로 경기도, 인천광역시, 대구광역시 3개 시도를 선정하였고, 광역자활지원센터 시범사업은 법적 근거 없이 2004년 1월부터 2005년 12월까지 2년 동안 실시되었다. 경기광역자활지원센터는 한국자활후견기관협회 경기지부, 인천광역자활지원센터는 인천광역시, 대구광역자활은 민간종교재단인 대구 불교사회복지회가 위탁하여 운영하였다.

2006년에는 중앙 및 광역 단위의 인프라가 부족하고, 고용·복지서비스의 연계를 위한 자활기관협의체의 활성화가 미흡하다는 점이 지적되었다.

이에 자활 전담 공무원 배치, 중앙자활센터 설치, 시군구 자활기관협의체 활성화에 대한 논의가 시작되었다. 2006년에는 자활사업 전반을 아우를 수 있는 단위로서 그 기능과 역할을 수행할 수 있는 중앙자활센터 설립에 대해 구체적으로 논의했고, 2008년에 중앙자활센터가 설치되었다(이상아 외, 2021). 2018년에는 중앙자활센터에서 광역자활센터 위탁운영을 실시하였고, 2019년 7월 저소득 소외계층의 자활 기회를 넓히고 그들의 생활 안전망을 강화하기 위해 한국자활복지개발원으로 출범했으며, 이로써 자활사업이 현재와 같은 전달체계의 구조를 갖추게 되었다.

요약하면, 2000년에 국기초 시행 이후 자활사업은, 빈민운동 진영을 중심으로 전개되던 자활공동체 중심의 자활사업이라는 성격에서 국민기초생활보장법하의 조건부 수급자를 대상으로 하는 복지사업의 하나가 되어갔다. 더불어 일정 정도 정부의 규제를 받는 사업이며, 사업 운영 주체들이 사업을 운영하는 과정에서 유연성과 자율성이 줄어들게 되는 변화를 경험하기도 한다. 현재에도 자활 참여자들 내에서도 자활사업의 목표를 달리 해석하고 있으며, 지역자활센터의 기능과 역할의 모호성, 혼재된 정책 목표에서 제도 내부 주체들이 우선하고 있는 목표가 다르며, 이에 대응하는 규칙과 전략도 차이를 보이고 있는데(백학영 외 2023, p.180), 이는 자활사업이 태동된 역사적 배경에서 이해할 수 있는 현 자활사업의 모습이라고 할 수 있다.

제3장

국내외 아카이브의 구축 사례

제1절 아카이브의 기능과 특성
제2절 국내외 역사자료 아카이브 사례
제3절 역사자료 아카이브의 구축 방향

제3장 국내외 아카이브의 구축 사례

21세기의 디지털 환경은 역사자료 아카이빙에 혁명적 변화를 가져왔다.19) 이는 오래된 파피루스를 보존하는 차원의 기술 변화가 아니라, 종이의 정보를 디지털 정보로 변환하여 분류하고 저장하며 공유하는 기술에 큰 영향을 미치고 있다. 이와 관련하여 먼저, 무엇이 가치 있는 정보인가에 대한 생각이 변화하고 있다. 역사적 사건 중심에서 생활세계 중심으로 수집되고 공유되는 기록의 성격이 변화하고 있다. 이어 생산주체의 다변화로 인해 생산되는 정보량의 규모가 과거에는 상상하기 힘들 정도로 커지고 있다. 그것은 단지 양적 변화뿐 아니라 그것을 분류하는 기술에도 큰 진보를 가져왔다. 또한 디지털 기록들은 온라인 시스템을 통해 시공간적 제약에서 벗어나 일반 대중에게 개방되고 있다. 이는 정보 민주화라는 엄청난 변화를 의미한다. 이 변화된 환경 속에서 정부와 공공기관은 어떻게 역사자료 아카이빙을 해야 하는가? 그것은 다음과 같은 질문에 초점을 맞춰 생각해 볼 수 있다. ① 어떤 정보를 수집하고, ② 수집된 정보를 어떻게 분류하고, ③ 어떤 방식으로 이 정보를 개방하며, ④ 누가 이 모든 것을 결정할 것인지 하는 점이다. 이 장에서는 아카이브 구축을 위해 자료가 어떻게 수집되고, 분류되고, 개방되어야 하는지에 대해 국내외 사례를 통해 시사점을 얻고자 한다.

---

19) 21세기 아카이빙의 비전과 전략에 대해서는 영국 정부가 2009년 발간한 다음 문건을 참조할 수 있다(HM Government, 2009).

제1절 아카이브의 기능과 특성

역사자료 아카이브는 일부 국가에서 활발하게 추진되어 왔지만, 다른 많은 국가에서는 그렇지 않았다. 그 이유는 한편으로는 많은 시간과 비용이 필요하기 때문이지만, 다른 한편으로는 어떤 기록들을 수집하고 공개할 것인가에 대한 다른 관점과 이해관계 때문이라고 말할 수 있다(Lučić, 2023). 최근 디지털화가 본격화되면서 역사자료 아카이빙의 환경은 크게 개선되고 있다. 물론 디지털 아카이빙도 많은 비용이 필요하지만, 수집과 분류 그리고 활용 측면에서 작업이 훨씬 강점이 많아진 것이다. 이러한 흐름을 다소 강박적인 아카이빙이라고 비판할 수도 있지만, 그 속에서 보다 의미 있는 아카이브들이 출현하고 있다는 점에 주목할 필요가 있다.

1. 아카이빙 패러다임의 변화

아카이브는 파피루스 두루마리, 양피지 문서, 오래된 한지 등으로 만들어진 책자나 흑백사진, 그림 등을 연상시킨다. 하지만 디지털시대에 접어들며, 이러한 고정관념은 깨어지고 있다. 모든 아날로그 정보들은 디지털 정보로 저장되고 분류되면서, 아카이빙의 대상과 방식에도 큰 변화가 일고 있는 것이다. 이제 아카이브는 학자들만 이용하는 부서지기 쉬운 오래된 문서가 아니라, 거의 모든 정보라는 새로운 생각이 자리 잡고 있기 때문이다. 더불어 어떤 아카이브를 수집하고 분류하고 공유할 것인지에 대한 생각도 바뀌고 있다. 정치적으로 중요한 역사적 사건과 관련된 기록들 중심에서 일상 세계의 다양한 기록들을 아우르는 방식으로 변화하고 있는 것이다. 어떤 정보가 더 보존 가치가 있는가는 여전히 연구 대상이지만, 아카이빙의 대상과 주체가 더 다원화되고 있다는 것은 분명하다.

역사자료 아카이빙(archiving)이란 중요한 문서, 편지, 사진, 영상, 오디오, 물건 등 다양한 유형의 기록들(records)을 수집·분류·저장·공유하는 과정을 지칭한다. 그리고 이러한 기록들은 몇 가지 관문을 통과해야 한다. 이는 ① 진위성(Authenticity), ② 신뢰성(Reliability), ③ 무결성(Integrity), ④ 활용성(Usability)이다. 과거 파피루스의 진위를 검사하면서 그것이 진품인지 그 내용이 얼마나 신뢰할만한 것인지 파악하는 일이 중요했다는 점에서 충분히 이해할 수 있는 일이다. 하지만 디지털 기록과 관련해서도 진위성과 신뢰성 등은 여전히 중요한 판단기준이다. 기록의 변조가 더 용이한 만큼 그것을 확인하는 기술 또한 개발이 필요한 것이다.

그렇다면 역사자료 아카이브는 왜 필요한가. 가장 원론적인 설명은 역사적, 문화적 가치를 지닌 이러한 기록을 후대에 전달하기 위해서다. 그것은 한 사회의 집단적 정체성(collective identity)을 확인할 수 있는 역사적 기록이기도 했다는 점을 말해준다. 물론 역사자료 아카이브는 그 밖에도 다른 목적을 갖는다(Suter, 2003; Millar, 2017).

첫째, 역사기록의 보존이다. 특히 역사적, 학술적 가치가 있는 자료(기록)들을 보존하여 후대에 전달하는 역할을 담당한다.

둘째, 중요한 문화유산을 유지하고, 이를 통해 공동체나 집단의 정체성을 확인하는 역할을 한다.

셋째, 연구와 교육자료의 구축이다. 자료의 희소성 측면에서 지금까지 구축되지 않은 자료를 수집하고 분류하여 공개함으로써 연구자들이 새로운 사실을 발견하고 축적하게 하는데 기여한다. 특히 학생들이 관련 주제를 학습하는 자료로 활용된다.

넷째, 정보접근성 향상이다. 수집되고 분류된 자료는 연구자 외에도 일반 대중이 더 쉽게 정보에 접근할 수 있게 한다. 이는 정보 민주화 측면에서도 중요한 가치를 갖는다.

2. 역사자료 아카이브를 보는 관점: 역사, 권력 그리고 미래

역사자료 아카이브는 그것을 보는 관점에 따라 수집할 기록이나 분류 방법 그리고 공유 방식이 달라질 수 있다. 과거 아카이브는 권력이 자신을 정당화하기 위해 지식을 구조화하는 수단으로 활용되는 경향이 강했지만, 그 해석에 도전하는 다른 아카이브 또한 없지 않았다. 그리고 이러한 위험은 현재에도 여전히 존재한다. 그럼에도 시대가 변하면서 역사자료 아카이브를 보는 관점 또한 빠르게 변하고 있다고 판단된다. 여기서는 몇 가지 대표적인 관점에 대해 언급하기로 한다.

가. 역사적 증거로서의 기록

역사자료 아카이빙 분야의 학문적 토대를 마련한 인물은 영국의 기록학자 젠킨슨(Hilary Jenkinson)으로 알려져 있다. 그녀에 따르면, 기록은 단순한 정보의 집합이 아니라 역사적 사건의 증거이다. 따라서 기록의 가치는 진본성(Authenticity)과 불변성(Inviolability)에 있다(Jenkinson, 1922). 이는 자활지원제도 역사자료와 관련해서도 중요한 의미를 갖는다. 더 많은 자료를 생산하고, 더 공식화된 자료를 생산한 주체의 해석을 반영할 수 있기 때문이다. 따라서 다양한 주체에 의해 생산된 역사자료를 구축하는 것은 역사적 사건에 대한 증거를 통해 새로운 사실을 발견할 수 있는 여지를 주는 것과 같다.

나. 권력의 기록과 저항의 기록

  인간은 지식의 생산과 전승 그리고 축적의 과정을 거쳐 오늘날과 같은 지식의 세계를 구축할 수 있었다. 이 과정에서 각종 역사자료 아카이브는 다양한 관점에서 해석할 수 있다. 그중 하나로 역사는 권력의 기록이라는 점을 강조한 미셸 푸코(Michel Foucault)의 해석 또한 주목할 필요가 있다. 과거 역사에 대한 많은 기록은 권력에 의해 생산되었거나, 권력에 대한 기록이 주를 이루고 있다. 그리고 이러한 기록들은 종종 사회통제의 수단으로 사용되기도 했다(Foucault. 1969).

  이런 관점에서 보면, 자활지원제도의 역사자료는 다양한 주체에 의해 작성된 새로운 아카이브로 이해할 수 있다. 자활지원제도를 만들고 관리하는 정부와 정당 등이 생산한 기록은 권력의 기록이라고 말할 수 있다. 자활사업을 어떻게 통제하고 관리했는가를 보여주는 것이다. 더불어 자활사업에 대한 기록들이 어떻게 권력에 의해 만들어지고 왜곡되었는지도 보여줄 수 있을 것이다. 그리고 자활사업 지원기관에서 일하는 많은 활동가들의 기록은 자활사업에 대한 권력의 기록과 다른 해석을 가능하게 하는 자료가 될 것이다. 끝으로 참여자들의 기록 또한 자활사업이라는 조건부과 사업 또는 사회통제 수단에 대한 저항과 순응의 기록이라고 표현할 수 있을지 모른다. 그것은 이 역사자료가 단순히 중립적 자료가 아니라 향후 연구자나 활동가들에 의해 새로운 관점에서 해석될 수 있는 여지를 주는 증거라고 이해할 수 있다.

다. 정보 과잉 속의 불안

  디지털 기술의 발달과 함께 역사자료 아카이빙은 새로운 시대로 접어들고 있다. 모든 것이 기록되고 보관되는 아카이빙 열병이 유행하는 시대다.

모든 아날로그 정보가 디지털 정보로 저장되면서 정보량이 급격히 증가하며, 그것을 분석하는 기술이 발전하고, 그 알고리즘(또는 그것을 결정하는 권력)이 어떤 정보를 유지하고 삭제할 것인지 결정한다. 이 점에서 자크 데리다(Jacques Derrida)는 아카이브가 단순한 기록보관소가 아니라 권력과 지식의 구조를 형성하는 공간이라고 말한다. 새로운 디지털 시스템은 과거에는 생각하지 못했던 규모의 정보를 기록하고 분류하지만, 정작 사람들은 그 속에서 무엇을 기억하고 망각해야 하는지 결정하는 데는 어려움을 겪게 된다. 그리고 전통적 아카이브에 익숙한 사람들에게 디지털 아카이브는 어떤 정보가 사라지거나 왜곡될지 모른다는 불안감을 안겨 준다. 디지털 아카이빙은 정보 민주화를 가능하게 하지만, 데이터 관리자에 의해 정보가 통제되거나 왜곡될 수 있다는 두려움을 낳기 때문이다(Derrida, 1995). 이는 디지털시대의 아카이빙이 갖는 양면적 성격을 말해주는 것이다.

라. 미래를 만드는 소재로서의 기록

21세기 디지털화는 역사자료 아카이빙 분야에서 새로운 흐름을 형성하고 있다. 그것은 박물관학의 관점에서 보면, 역사적 가치가 있는 유적들을 수집하고 모으는 단계에서, 사람들의 일상의 기록을 수집하고 분류하는 단계로 이행하고 있음을 보여준다. 실제로 최근의 아카이빙은 다양한 기록을 수집하고 저장하며 활용하는 새로운 디지털 기술에 기초하고 있다. 디지털 기술의 발전은 비단 기록의 저장과 활용 측면에서의 변화뿐 아니라, 기록의 개방과 공유를 통한 정보 민주화에도 큰 영향을 미쳤다. 이러한 관점에서 보면, 디지털 시대의 역사자료 아카이브는 단순히 역사적 사건을 해석하는 역할을 넘어, 현재와 미래를 생성하는 역할을 하는 것으로 이해할 수 있다(Bearman, 1992). 자료를 수집하고, 분류하는 행위 자체가 새로운 해석을 만들어가는 역할을 한다는 것을 의미한다(Cook, 2011).

제2절 국내외 역사자료 아카이브 사례

국내외 역사자료 아카이빙은 르네상스를 맞이하고 있다. 특히 디지털 아카이빙은 역사자료의 수집과 관리 그리고 공개 방식과 관련해서 큰 영향을 미치고 있기 때문이다. 하지만 그중에서도 가장 큰 변화는 일반 대중의 접근성을 높여 정보 민주주의를 공고히 하고 있다는 점이다. 이전에 종이류 자료의 열람은 자료 보존을 이유로 소수의 전문가에게 한정되어 있었다면, 디지털화된 기록들은 모든 대중에게 쉽게 개방될 수 있기 때문이다. 이것은 정보 독점에 기반한 해석의 정치가 다른 국면으로 접어들고 있음을 의미하는 것이기도 하다.

1. 국내 역사자료 아카이브의 주요 사례

한국의 역사자료 아카이브는 조선시대부터 장구한 역사를 갖고 있었다. 특히 조선왕조실록 등은 과거 조상들이 아카이빙에 얼마나 큰 의미를 부여해 왔는지 잘 말해준다. 하지만 일본의 식민지배와 한국전쟁 등의 사건을 거치면서, 역사자료 아카이브에 대한 관심과 노력은 상대적으로 취약해진 것처럼 보인다. 최근 경제 여건이 개선되고 국민들의 문화적 관심이 증가하면서 역사자료 아카이브는 르네상스를 맞이하고 있다. 정부는 많은 역사자료들을 수집·분류·개방하고 있다. 그리고 과거 정부에서 추진했던 대통령기록관 등 주요 정책자료 아카이브도 아카이브에 관한 중요한 노력 중 하나이다. 하지만 우리나라의 정보네트워크나 기술력을 감안할 때, (디지털) 아카이브는 더 많은 관심과 투자가 필요하다고 판단된다.

가. 국가기록원(National Archives of Korea)

국가기록원은 한국 정부의 공식 기록을 보존하고 관리하는 기관으로, 대통령 기록, 정부 문서, 법령, 역사적 자료 등을 포함한 방대한 기록을 보유하고 있다. 특히 〈디지털 국가기록관〉을 통해 다양한 정부 문서와 기록을 디지털화하여 대중에게 공개하고 있다. 이 플랫폼을 통해 정부의 정책 결정 과정, 역사적 사건, 행정 기록 등을 누구나 열람할 수 있다. 예를 들면, 대한민국 정부 수립 이후 주요 정책 결정 과정에 대한 문서나, 한국 전쟁 관련 기록 등이 디지털화되어 있다.

[그림 3-1] 한국 국가기록원의 디지털 아카이브 관리시스템

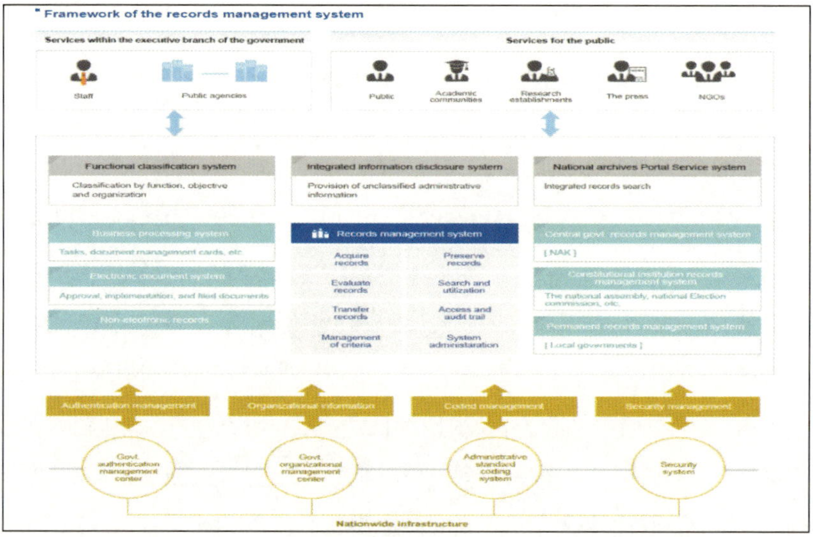

출처: 국가기록원. (2024). https://www.archives.go.kr/english/technology/rms.jsp. 2024. 09.25 인출

나. 한국 대통령 기록관

한국의 대통령 기록관은 대한민국 대통령의 재임 기간 동안 생산된 주요 기록물들을 보존하고 있다. 이 기록관은 정부의 정책 결정 과정과 대통령의 국정 운영을 투명하게 기록하는 것을 목적으로 한다. 참고로 노무현 대통령 시절, 참여정부의 정책 결정 과정에 대한 기록이 보관되어 있다. 구체적인 정책 결정과 관련된 기록 또한 보관되어 있다. 가장 대표적인 것이 〈햇볕정책 관련 아카이브〉이다. 이 기록은 1998~2008년 김대중 대통령과 노무현 대통령이 추진한 대북협력정책 추진 과정을 담은 다양한 문서가 보관되어 있다. 특히 남북 정상회담 기록, 대북 지원과 협력 관련 문서, 정부의 정책 기획 자료 등이 포함되어 있다.

[그림 3-2] 한국 대통령기록관 아카이빙

출처: 대통령기록관. (2024). https://pa.go.kr/portal/search/base/search.do. 2024.09.25. 인출

다. 국립중앙도서관(National Library of Korea)

국립중앙도서관은 국내의 대표적인 국립도서관으로 다양한 도서, 문서, 시청각 자료 등을 보유하고 있다. 더불어 〈디지털도서관〉을 운영하고 있으며, 이를 통해 책, 신문, 학술지, 고서, 지도 등 다양한 자료를 제공하고 있다. 예를 들면, 조선시대의 고지도, 고문서, 그리고 한국 근현대사와 관련된 주요 신문 기사 등이 디지털화되어 제공하고 있다.

[그림 3-3] 국립중앙도서관 디지털 컬렉션

출처: 국립중앙도서관. (2024b). https://www.nl.go.kr/NL/contents/N20103000000.do. 2024.10.1. 인출

2. 외국 역사자료 아카이브의 주요 사례

역사자료 아카이브 중 주목할 외국 사례는 헤아릴 수 없을 정도로 많다. 특히 각국의 국가기록원, 국립도서관, 국립박물관 등은 다양한 분야에서

보존 가치가 있는 기록들을 수집하고 분류하며 보전하고 개방하는 역할을 하고 있다. 최근에는 디지털 아카이빙 측면에서 많은 기술 발전과 개방 사례가 확인되고 있다. 여기서는 주요국의 대표적 아카이브를 중심으로 간략하게 소개한다.

가. 미국 국립문서기록관리청(National Archives and Records Administration, NARA)

NARA는 미국 정부의 공식 기록을 관리하는 기관으로 방대한 역사적 문서, 법률 문서, 대통령 기록, 군사 기록 등을 보존하고 있다. NARA는 디지털 아카이브에도 선도적 역할을 하고 있으며, 온라인으로 접근할 수 있도록 디지털 플랫폼(Archives.gov)을 운영하고 있다.

[그림 3-4] 미국 국립문서기록관리청의 디지털 아카이빙 시스템

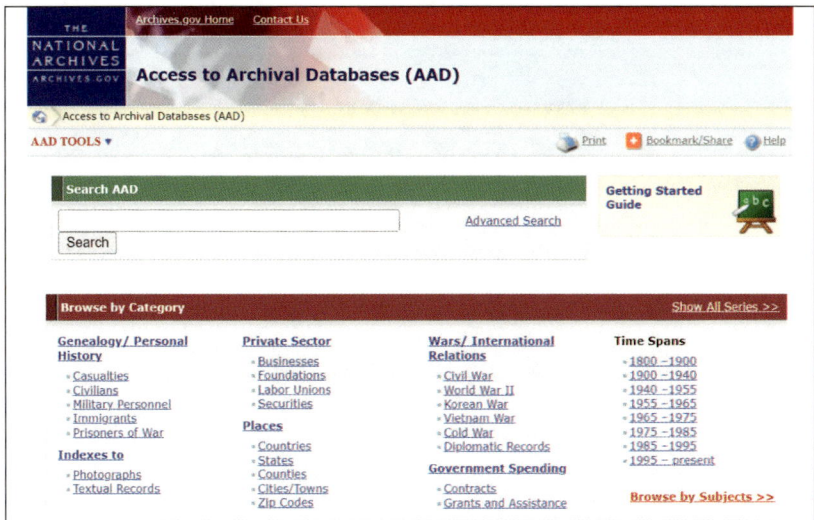

출처: National Archives and Records Administration. (2024). https://aad.archives.gov/aad/. 2024.09.28. 인출

나. 영국 국립기록원(The National Archives, UK)

영국 국립기록원은 영국 정부의 역사적 기록을 관리하는 기관으로, 11세기부터 현재까지 법률 문서, 군사 기록, 인구 조사, 정부 기록 등 방대한 자료를 보존하고 있다. 이 기관 또한 자료의 디지털화에 적극적이며, 온라인 카탈로그(Discovery)를 통해 수백만 건의 기록에 접근할 수 있도록 자료를 공개하고 있다.

[그림 3-5] 영국 국립기록원의 디지털 아카이빙

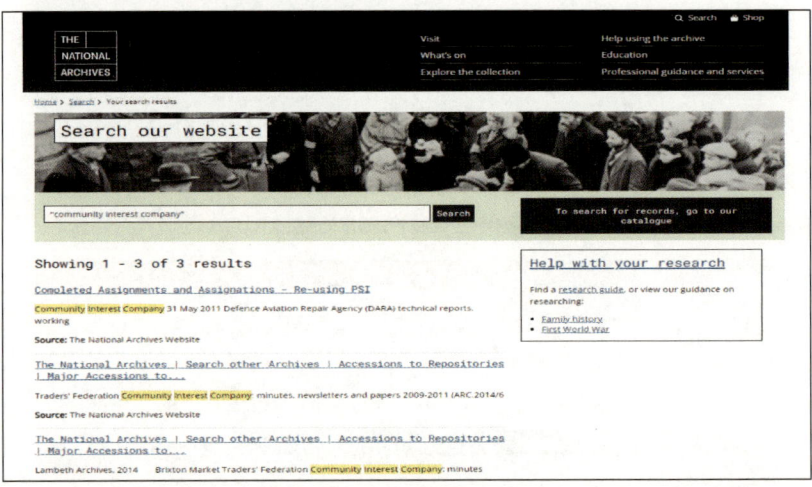

출처: The National Archives(UK). (2024). https://www.nationalarchives.gov.uk/search/. 2024.10.2. 인출

다. 프랑스 국립도서관(Bibliothèque nationale de France, BnF)

프랑스 국립도서관(BnF)은 방대한 역사적 문화적 자산을 보존하는 기관으로 14세기부터 현재까지의 방대한 컬렉션을 보유하고 있다. 그리고 이 자료들을 장기간에 걸쳐 디지털화하여 온라인 플랫폼(Gallica)을 통해

제공하고 있다. 이 플랫폼을 통해 수백만 개의 디지털 자료에 접근할 수 있다. 한국의 조선시대 역사 자료 또한 이곳에서 확인할 수 있다.

[그림 3-6] 프랑스 국립도서관의 디지털 아카이빙 시스템

출처: Bibliothèque nationale de France. (2024). https://www.bnf.fr/fr/le-mois-de-leconomie-sociale-et-solidaire-comprendre-reflechir-agir-biblio-filmographie-novembre. 2024.10.3. 인출

라. 일본 국립공문서관(National Archives of Japan)

일본 국립공문서관은 일본 정부의 공식 문서, 법령, 역사적 기록을 보존하는 기관이다. 이 기관은 메이지 시대 이후의 정부 문서를 비롯한 다양한 자료를 아카이빙하고 있다. 더불어 방대한 규모의 디지털 아카이브(Japan Center for Asian Historical Records, JACAR) 또한 운영하고 있다. 이 자료는 일본뿐 아니라 아시아 역사연구와 관련해서도 중요한 자료를 제공하고 있다. 메이지 유신 이후의 일본의 외교 문서, 전쟁 관련 기록, 정부 회의록 등이 디지털화되어 있다. 더불어 제2차 세계대전 전후의 중요한 정책 결정 과정에 대한 기록 또한 디지털화되어 있다.

[그림 3-7] 일본 국립공문서관의 아카이빙

출처: National Archives of Japan. (2024). https://www.archives.go.jp/english/gettingstarted/access.html. 2024. 10.3 인출

3. 사회정책 분야 아카이브의 국내외 주요 사례

중요한 정책 결정 과정에 대한 역사자료 아카이브는 정부, 학계, 그리고 연구자들에게 매우 중요하다. 이 자료들은 국가의 중요한 결정이 어떻게 이루어졌는지에 대한 기록을 보존하고, 후대에 교훈과 통찰을 제공한다. 그리고 디지털 아카이빙 기술의 발전과 이를 통한 비용 절감은 다른 정책 분야의 아카이브 구축에도 영향을 미치고 있다. 그것은 소규모의 아카이브 구축이 확산되고 있음을 의미한다. 하지만 이러한 사례들 또한 단계적으로 체계화와 규모화가 필요할 수 있다. 자활지원제도 아카이브 구축과 밀접한 관련이 있는 국내외 사회복지 분야 아카이브 사례가 그 필요성을 말해준다. 여기서는 몇 가지 대표적 (디지털) 아카이브에 대해 소개한다.

가. 한국보건사회연구원 디지털 역사관 아카이브

한국보건사회연구원은 보건복지 정책 분야에서 대표적 정책연구기관으로 1970년에 설립된 이후 현재까지 정책연구를 수행하고 있다. 정책자료 아카이브와 관련해서는 한국보건사회연구원이 생산한 정책연구자료와 데이터를 중심으로 기록을 체계화하여 일반 대중에게 공개하는 노력을 해 왔다. 그 일환으로 아래 〈디지털 역사관〉은 보건복지 분야의 주요 제도와 관련해서 법률 제정과 정책 시행일을 기준으로 관련 정책자료를 수집하고 디지털 자료로 전환하여 일반 대중에게 공개하고 있다.

[그림 3-8] 한국보건사회연구원의 디지털 역사관 아카이브

출처: 한국보건사회연구원. (2024). https://www.kihasa.re.kr/history/home/main/main.do. 2024.12.18. 인출

나. 한국자활복지개발원의 정책자료 아카이브

한국에서 자활지원사업에 대한 관리를 담당하고 있는 대표적 공공기관인 한국자활복지개발원 또한 자활 정책 관련 문건 외에도 자활지원센터와 자활기업들이 수행하는 다양한 사업자료를 수집하여 보관하고 있다. 한국자활복지개발원의 아카이브는 이 기관이 생산한 정책자료 외에도 자활지원센터 등이 생산한 자료를 포함하고 있다. 다만 자활지원제도가 도입되기 전후의 기록이나 민간기관이 생산한 자료들은 포함하지 않고 있다.

[그림 3-9] 한국자활복지개발원 아카이브

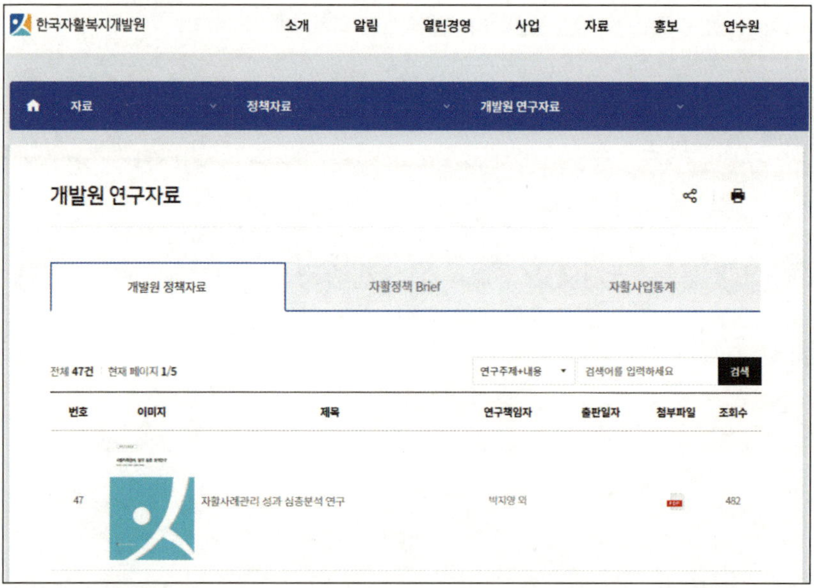

출처: 한국자활복지개발원. (2024). https://kdissw.or.kr/board.es?mid=a10401010000&bid=0006. 2024. 10.5 인출

다. 한국자활지원센터협의 정책자료 아카이브

한국자활지원센터협회는 전국 기초자치단체에 설치된 250여 개의 자활지원센터들의 협의체다. 그리고 이 센터 중 일부는 자활지원사업이 제도화되기 이전인 1996년부터 민간 차원의 시범사업으로 실직빈곤층 자립지원사업을 수행해 왔다. 이 협회는 정부나 연구기관의 정책자료 외에도 지역의 민간단체 차원에서 생산된 다양한 정책자료나 사업개발 자료 등을 보관하고 있다.

[그림 3-10] 한국자활지원센터협회 아카이브

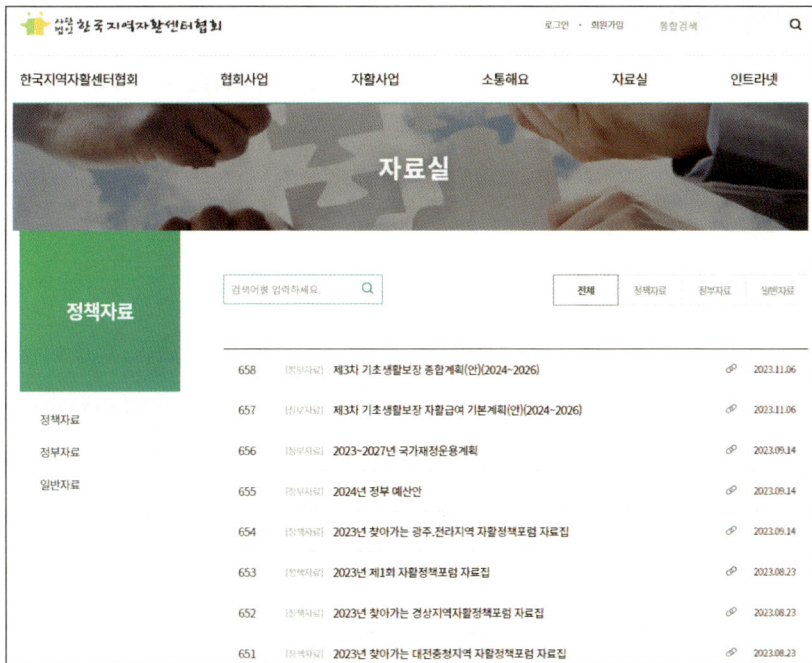

출처: 한국지역자활센터협회. (2024). https://www.jahwal.or.kr/bbs/board.php?bo_table=public_data&Page=p05c01. 2024. 10. 6 인출

라. 미국 주요 대학의 사회복지 정책 및 구술사 아카이브

미국의 주요 대학 및 기관을 중심으로 사회복지 정책 및 사회실천운동 부문의 역사자료 아카이브를 소개하면 다음과 같다. 먼저, 사회복지 주요 부문별 역사자료 아카이브를 보유하고 있는 대학(미네소타대학)과 사회복지 정책 및 운동의 구술사 디지털 아카이브를 구축하고 있는 기관(남캘리포니아대학)이 그 사례다.

[그림 3-11] 미국 미네소타대학 사회복지사 아카이브

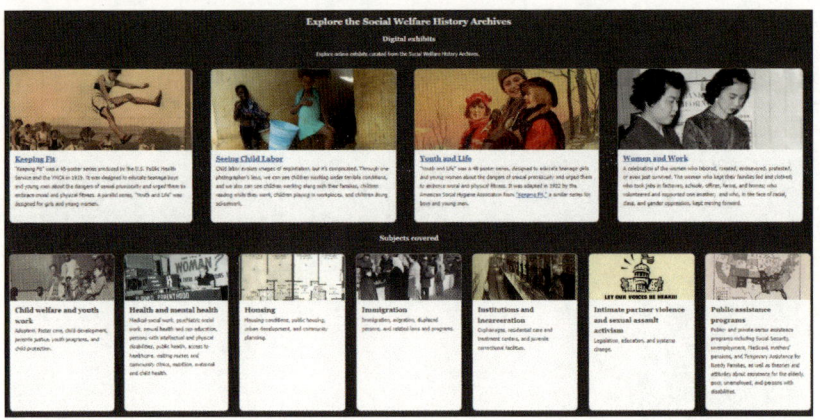

출처: University of Minnesota. (2024).
https://www.lib.umn.edu/collections/special/swha#explore. 2024. 10.6 인출

[그림 3-12] 미국 남캘리포니아대학 사회복지 구술사 아카이브

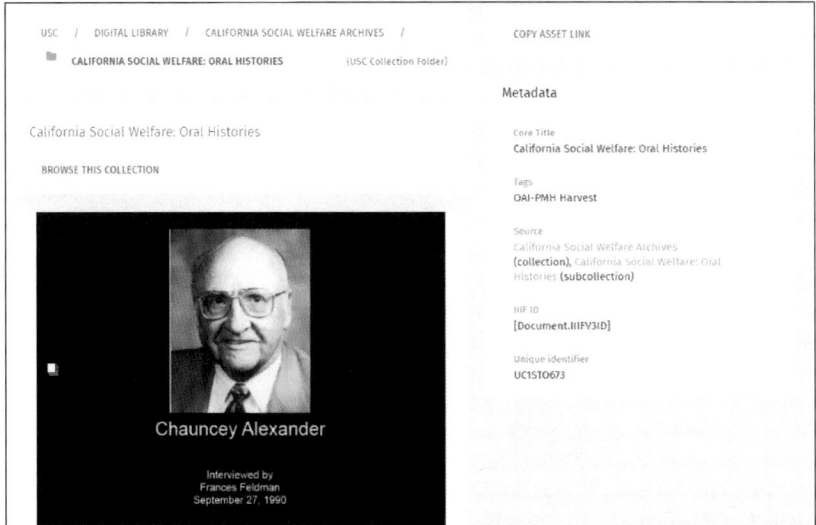

출처: University of Southern California Libraries. (2024). https://digitallibrary.usc.edu/Archive/Oral-Histories-2A3BF1NT47. 2024. 10.8 인출

마. 프랑스 사회정책 및 자활지원사업 역사자료 아카이브

프랑스의 사회정책 역사자료 아카이빙 기관으로는 다음 두 기관을 예시할 수 있다. 하나는 생산 기관, 문서 유형, 생산 시점 등에 따라 사회정책 전반의 역사자료를 포괄적으로 수집, 분류, 공개하는 〈사회실천연구기록연구원〉(CEDIA)의 아카이브이고, 다른 하나는 한국의 자활지원센터협회와 유사한 〈자활기업협회〉(Fédération des Entreprises d'Insertion: FEI)의 아카이브 사례다. 후자는 자활기업의 역사와 정책에 대한 다양한 자료를 축적, 분류하여 공개하고 있다.

[그림 3-13] 프랑스 CEDIAS – Musee Social의 디지털 아카이브

출처: Cedias Musee Social. (2024). https://www.cedias.org/index.php?opac_view=3 2024.09.03. 인출

[그림 3-14] 프랑스 자활기업협회 아카이브

출처: La Fédération des Entreprises d'Insertion. (2024). www.lesentreprisesdinsertion.org/ressources/documentations/. 2024. 10.5 인출

제3절 역사자료 아카이브의 구축 방향

1. 아카이브 구축 단계

역사자료 아카이빙은 크게 다음 여섯 단계로 구성된다. 1) 수집(Acquisition): 자료를 수집하는 단계이며, 개인, 정부기관, 민간단체 등 다양한 소장 주체로부터 수집된다. 그리고 자료는 서적, 사진, 사물, 음악, 동영상 등 다양한 형태이며, 최근에는 많은 자료가 디지털자료로 보관된다. 2) 평가(Appraisal): 수집된 자료가 보관할 가치가 있는지 평가하는 단계이며, 일반적으로 자료의 역사적 중요성, 희소성, 상태 등에 따라 결정된다. 정책자료와 학술자료로서의 가치가 우선적으로 고려되는 경향이 있다. 3) 정리(Arrangement): 자료를 체계적으로 분류하여 접근성을 높이는 단계이다. 자료 정리의 기준은 자료의 종류, 주제, 생성 주체, 생성 시기 등으로 분류할 수 있다. 이 문제와 관련해서, 디지털 정보에 대한 새로운 분석 기술의 발전은 기록의 분류와 분석 등에서 혁명적 변화를 가져왔다. 4) 설명(Description): 정리된 자료에 대한 설명을 추가하는 단계이다. 이용자가 자료를 쉽게 찾을 수 있도록, 자료명, 작성자, 작성 시기 등에 대한 기본정보를 카탈로그나 메타데이터 형식으로 제공하기 위해 만들어진다. 이 작업은 과거의 아카이브와 비교할 때, 더 각별한 의미를 갖는다. 정보량이 급증하면서 정확한 분류체계에 따른 메타데이터가 구축되지 않으면, 오히려 그 기록을 찾기 힘들게 되는 문제에 직면할 수 있기 때문이다. 5) 보존(Preservation): 자료의 물리적 상태를 유지하며, 디지털 자료로 전환하고 디지털 자료의 데이터 손실을 방지하는 단계이다. 최근에는 거의 모든 아날로그 기록이 디지털화되는 경향이 있으며, 디지털 기록의 진위를 확인하거나, 그것을 영구 보존하는 기술

개발이 활발하게 진행되고 있다. 6) 접근성 제공(Access): 저장되고 분류된 자료들을 연구자나 일반 대중이 쉽게 사용할 수 있도록 온라인 또는 오프라인으로 제공하는 단계이다. 이 기술은 현재 빠른 속도로 발전하고 있어, 온라인 시스템만을 보유하고 있는 아카이브 또한 빠르게 증가하고 있다(Millar, 2017; O'Neill, 2020).

아래 [그림 3-15]는 위에 설명한 아카이빙의 단계를 그림으로 나타낸 것이다. 이 그림에서 하단의 음영 처리된 부분은 아카이브가 오프라인으로 구축 운영되는 경우와 온라인으로 구축 운영되는 경우로 대별할 수 있음을 보여준다. 물론 일정 규모 이상의 아카이브들, 즉 정부가 지원하는 아카이브들은 대부분 오프라인과 온라인 접근을 보장하고 있다.

[그림 3-15] 역사자료 아카이빙의 단계

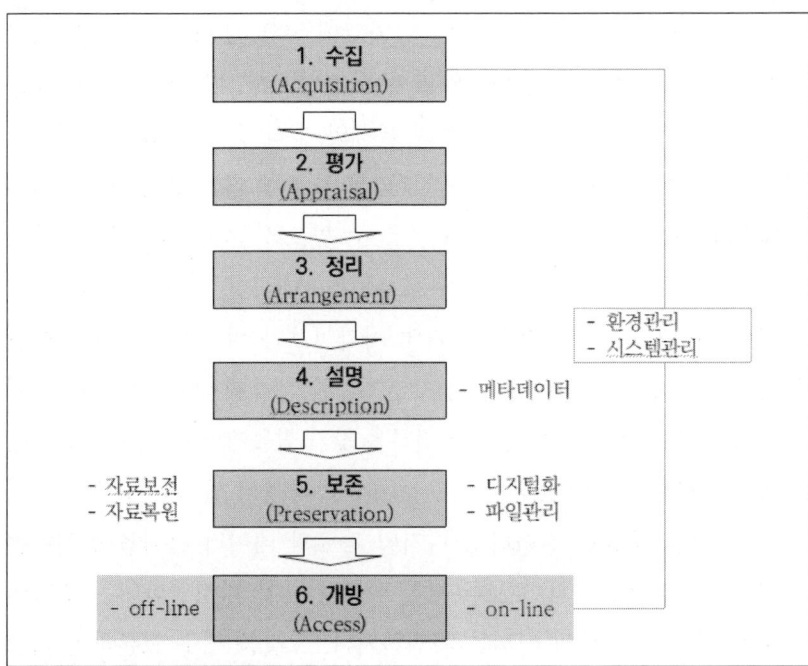

출처 : 저자 작성

역사자료 아카이빙은 그것을 행정적으로 관리하고, 기술적으로 지원하는 관리조직을 필요로 한다. 이와 관련해서는 각국의 국립기록원들의 사례를 참조할 수 있을 것이다. 하지만 상대적으로 작은 규모의 아카이브들은 그 핵심 기능을 중심으로 아래 [그림 3-16]과 같이 제안할 수 있다. 먼저 관리팀은 기록 관리, 기록 보전, 자료 개방 조직으로 구성되며, 자료 수집과 자료 평가 그리고 자료 선별 업무를 담당한다. 이어 기술팀은 디지털화, 메타데이터 구축, 시스템 관리 조직으로 구성되며, 자료 보전과 자료 복원, 환경 관리 업무를 한 축으로, 디지털화와 메타데이터 구축, 파일관리 업무를 다른 한 축으로 한다. 전반적으로 아카이빙에서 디지털화의 수요 증가에 대응하는 것이 중요해지고 있다.

[그림 3-16] 역사자료 아카이빙을 위한 관리시스템

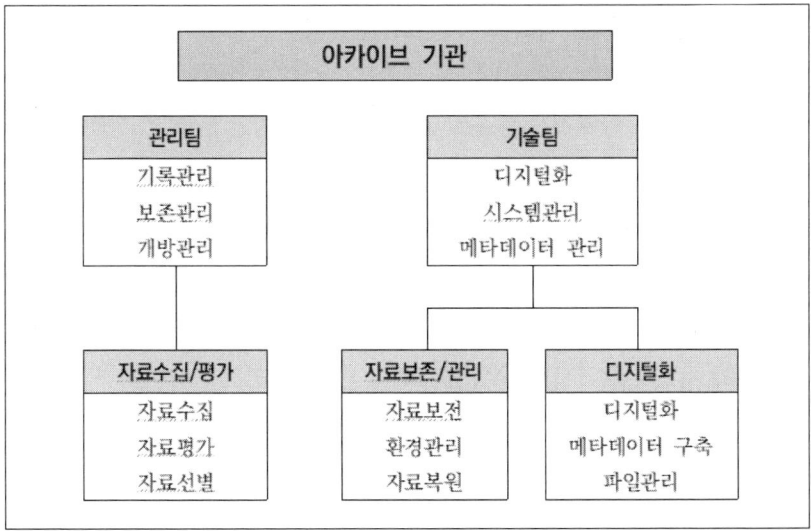

출처 : 저자 작성

2. 자활지원제도 아카이브 구축 방향

자활지원제도 아카이브는 구축하는 것 자체만으로 의미를 갖기 힘들다.[20] 다양한 주체들이 쉽게 접근할 수 있고, 원하는 자료를 쉽게 찾을 수 있고, 이 시스템이 안정적으로 유지될 수 있어야 한다. 이를 가능하게 하는 것은 다양한 주체들의 필요이다. 학술적 목적이 중요하지만, 정책 결정자나 민간 자활사업 수행기관들의 필요가 전제되어야 한다는 의미다. 다행히 자활정책의 주요 주체들이 아카이브 구축에 뜻을 같이 하고 있지만, 아카이브가 각 주체들의 욕구를 충족시키지 못한다면 지속 가능성을 담보하기 힘들 것이다. 따라서 여기서는 자활지원제도 아카이브 구축과 관련해서 어떠한 점에 주목해야 하는지 언급한다.

가. 아카이브 구축의 지향점: 기록의 포괄성

자활지원제도 아카이브는 특정한 관점에서 벗어난 포괄적 기록 수집을 전제해야 한다. 그렇다고 이것이 가치 중립을 의미하는 것은 아니다. 앞에서 언급한 것처럼, 자활사업에는 다양한 민·관 주체들이 참여해 왔다. ① 정부부처, ② 공공(연구)기관, ③ 자활지원센터(구 자활후견기관), ④ 사회적경제 조직 및 비영리민간단체, ⑤ 민간기업 외에도 ⑥ 기초생활보장 수급자와 저소득층(차상위층)을 포괄하고 있다. 그리고 지금까지 각 기관은 제한된 범위의 기록만을 아카이브로 구축해 왔다. 하지만 개별 아카이브는 특정 사안에 대한 특정 정보만을 수집하는 경향이 있다. 반면에 각 기관과 개인으로부터 수집하거나 기증받은 기록들로 포괄적 아카이브를

---

[20] 정부가 지원하는 역사자료 아카이빙은 그 우선순위 설정이 중요하다. 그것은 다양한 관점에서 접근할 수 있는데, 기록의 보존 가치가 가장 중요할 것이다. 하지만 그 활용성에 주목해야 할 것이다(김광영·곽승진, 2010).

구축한다면, 이들 각자는 이 아카이브를 통해 다양한 욕구를 충족시키기 용이하다. 각 주체가 자신의 관점과 목적에 맞게 더 많은 정보를 효율적으로 활용할 수 있음을 의미한다. 그것은 더 많은 정보에 기반한 연구와 해석을 가능하게 한다는 것을 의미한다. 다만 현재 시점에는 자활사업 참여자들의 기록이 충분히 생산되지 않고 있다는 한계를 언급할 수 있다. 물론 자활지원센터협회의 정기간행물 등을 통해 일부 자료가 생산되었지만, 이들의 구술기록을 포함한 다양한 자료들이 필요하다는 점을 강조하고자 한다. 이는 시간을 두고 단계적으로 추진하더라도 반드시 확충되어야 할 부분이다.

나. 자료 수집의 대상

역사적으로 대부분의 아카이브가 가치 중립적이기보다 권력에 의한 지식 생산과 밀접한 관련이 있었다는 해석이 있다. 이러한 관점에 따르면, 아카이브는 수집 단계부터 이러한 편향성을 갖기 쉽다. 그리고 역사적으로 중요한 기록의 이용은 소수의 정책 담당자나 연구자에게 제한되는 것이 보통이다. 하지만 21세기의 아카이브는, 지금까지와는 다른 관점에서, 더 다양한 주체가 생산한 데이터를 수집하고, 더 많은 사람에게 정보를 개방하는 패러다임 전환을 요구하고 있다. 이는 자활지원제도 아카이브가 정부가 생산한 기록 중 더 구체적인 기록을 수집하고, 민간의 경우에도 단체뿐 아니라 개인이 참여한 문건을 포함해야 한다는 것을 의미한다. 이는 자활지원제도 아카이브가 정책의 정당화뿐 아니라, 그것에 대한 비판을 위해서도 활용될 수 있도록, 수집할 기록의 범위를 확대해야 한다는 것이다. 이는 향후 이 아카이브에 누가 생산한 기록들이 확충되어야 하는지 말해주는 것이다.

다. 메타데이터 구성의 중요성

산처럼 쌓여 있는 아카이브에서 필요한 정보를 찾기 위해서는 이 기록들을 명확한 분류체계에 따라 정확하게 분류하고, 각 기록의 필수정보를 담고 있는 메타데이터 또한 잘 구축해야 한다. 앞에서 언급한 것처럼, 생산되는 정보량이 급격하게 증가함에 따라 더 많은 정보를 자유롭게 이용할 수 있기도 하지만, 오히려 정보의 숲에서 필요한 자료를 찾지 못하는 문제가 종종 발생하고 있다. 더 큰 위험은 이러한 기록들이 숲 더미 속으로 실종되는 경우이다. 존재하지만 찾을 수 없는 상황에 이르게 되는 것이다. 이 점에서 21세기의 아카이브는 그 특성에 맞게 디지털 기록에 대한 메타데이터를 구축하는 작업이 가장 중요하다고 말해도 과언이 아니다.

라. 개방과 활용의 원칙

자활지원제도 아카이브는 다양한 기관 및 개인으로부터 기록을 수집한다는 점에서, 이 기록 대부분이 공식 출판되지 않은 문건이라는 점에서, 그리고 정보 민주화를 지향한다는 점에서, 시간과 공간의 제약 없이 누구나 기록에 접근할 수 있는 Open Access 정책을 전제해야 한다. 최근 구축된 아카이브 또한 대부분이 다양한 기관과 개인이 언제 어디서나 쉽게 접근할 수 있는 온라인 시스템을 필수조건으로 하고 있다는 점에 주목할 필요가 있다. 자활지원제도 아카이브 또한 오프라인보다 온라인 시스템 구축에 주력할 필요가 있다. 다만 이 아카이브를 개방하기에 앞서, 개인정보 유출이나 저작권 문제를 점검하여 이러한 문제가 발생하지 않도록 주의해야 한다.

마. 아카이브의 지속 가능성

자활지원제도 아카이브는 그 지속 가능성 문제에 주목해야 한다. 그것은 정부로부터 추가로 지원을 받아야 한다는 것만을 의미하지 않는다. 오히려 이 아카이브를 함께 구축하고 활용하는 각 기관의 참여와 지원이 중요하다는 점을 강조하고자 한다. 디지털 아카이빙이 그저 컴퓨터 한 대만으로 가능한 것은 아니기 때문이다. 참고로 아카이브를 온라인으로 개통하는 데 전제가 되는 정보시스템을 구축하고, 각종 자료를 관리하고 보존하는 인프라 구축에 주목해야 한다(The National Archives, 2016: pp. 16-20).

지속 가능성 측면에서 보면, 자활지원제도 아카이브 외에도 각종 사회보장 정책의 주요 테마를 중심으로 하는 아카이브를 추가 개발하고, 이를 통합 관리하는 방안을 모색할 필요가 있다. 이를 통해 궁극적으로는 사회정책 통합 아카이브로 확장하는 방안 또한 검토할 필요가 있다.

마지막으로 남아 있는 과제는 아카이브의 지속 가능성을 위해 유지 및 관리에 필요한 자원과 관리체계를 구축하는 것이다. 이 과제는 업무협약 기관과의 역할 분담을 어떻게 할 것인지와도 연결되어 있다.

제4장

자활지원제도의 역사자료 아카이브 구축 결과

제1절 자활지원제도 아카이브 구축 결과
제2절 자활지원제도 역사자료 목록

제**4**장 자활지원제도의 역사자료
아카이브 구축 결과

제1절 자활지원제도 아카이브 구축 결과

 이 연구는 자활지원제도의 역사와 관련된 자료를 수집하고 체계적으로 정리하여 보존하기 위해 아카이브를 구축하고자 했다. 자료 수집의 시작 시기와 중요 자료가 무엇인지를 파악하기 위해, 문헌 고찰, 관계자 인터뷰, 연구진 간의 논의 과정을 거쳤다.
 문헌 고찰과 민간과 정부 및 학계 전문가의 인터뷰를 통해 제도 형성과 변화에 영향을 주거나 그러한 변화를 파악할 수 있는 자료는 국가기록원, 국회도서관, 프리즘, 학술논문, 정책연구기관의 보고서 검색을 통해 수집했다. 개인 기증 자료는 인터뷰를 진행하는 과정에서 수집되었다. 한국자활복지개발원과 한국지역자활센터협회와의 업무협약을 통해 수집된 자료는, 먼저 보유 자료 리스트를 파악할 수 있는 정보를 제공받고, 다음으로 연구진이 의미 있다고 판단한 자료들을 요청하는 방식으로 수집했다.
 수집된 자료는 더블린 코어 표준을 적용하여 메타데이터를 구성했으며, 아카이브는 다음의 일곱 가지 사항을 고려하여 구축하고자 했다. ① 기록의 포괄성 ② 자료 수집 대상의 포괄성 ③ 이용자 편의성 및 체계적 관리를 위한 메타데이터 구성 ④ 사용자의 접근성 ⑤ 개인정보 보호 ⑥ 저작권 보호 ⑦ 아카이브의 지속 가능성이다. 기록의 포괄성을 위해 수집하고자 하는 자료가 특정 주체만의 입장과 관점에 초점을 두기보다 여러 행위 주체들의 기록까지 포괄하고자 했다. 자료 수집 대상의 포괄성을 위해 민간의 범주를 단체뿐만 아니라 개인까지 포함시켰고, 비공식적인 기록까지 포괄하고자 했다. 이용자의 편의성과 아카이브의 체계적 관리를 위해 국제 표준을 적용한 더블린 코어 방식의 메타데이터를 구성했다. 사용자의 접근성은 온라인 접속을 통해 누구나 사용할 수 있도록 하고자 했다. 개인정보 보호 및 저작권 보호 이슈는 최대한 해결하고자 했으나, 해결하지 못한 이슈일 경우에는 관련 내용에 대해 파악할 수 있는 정보를 제공하고자 했다. 마지막으로 아카이브의 지속성을 위해서는 온라인상의 정보시스템을 구축하여 관리하는 인력이 필요하다. 한국보건사회연구원은 온라인상의 정보시스템을 구축하고 있지만 아카이브의 지속적인 자료 유지 및 보완을 위한 추가 인력 및 예산 확보를 위한 과제는 여전히 남아 있다.

〈표 4-1〉 자활지원제도 아카이브의 자료제공 기관(개인)별 자료 비중

(단위: 개, %)

자료 제공 기관	자료 수	비율
한국자활복지개발원	395	40.89
한국지역자활센터협회/개인 기증	388	40.17
정부21)	74	7.66
학술자료	109	11.28
Total	966	100

자료: 이 연구에서 수집된 자활지원제도 사료 데이터를 활용하여 저자가 분석하여 제시함.

위에 제시된 〈표 4-1〉은 자활지원제도 아카이브에 구축된 자료의 제공 기관별 자료 비중이다. 아카이브 구축을 위해 업무협약을 한 기관인 한국자활복지개발원과 한국지역자활센터협회에서 제공한 자료와 개인이 기증한 자료가 전체 자료의 약 81%를 차지한다. 다음으로는 학술자료가 약 12%를 차지하며, 정부의 공식 문서는 약 8%를 차지한다.

---

21) 생활보호법, 보건복지(보건사회)백서, 보건복지부 주요업무지침, 보건복지(보건사회) 통계자료 등은 정리하는 중이며, 추후 2025년 3월 말 구축 완료 예정인 자활정책 아카이브에서는 추가사료들을 포함하여 업로드할 예정이다.

아래에 제시된 〈표 4-2〉는 아카이브에 구축된 자료의 생산 시기별 자료 수를 제시한 것이다. 수집된 자료는 총 966건[22]이다. 1995년 시범사업 이전의 자료는 9개이지만, 1996년 시범사업 시기까지 포함하면, 21개이다. 1996년 이전에 수집된 자료는 대부분 민간에서 기증한 자료로, 개인이 접근하기 어려운 자료라고 볼 수 있다.

〈표 4-2〉 자활지원제도 아카이브의 시기별 자료 비중

(단위: 개, %)

연도	자료 수	비율
1993-1995	9	0.93
1996-2000	70	7.25
2001-2005	110	11.39
2006-2010	144	14.91
2011-2015	246	25.47
2016-2020	179	18.53
2021-2024	161	16.67
연도 미상[1]	47	4.87
Total	966	100

자료: 보건사회연구원. (2024). 자활지원제도 아카이브를 활용하여 저자가 분석하여 제시
주 1): 이 연구에서 자활지원제도의 역사는 크게 ① 1995년 이전 ② 1996년에서 1999년 ③ 2000년 이후로 시기를 구분했으나, 여기서는 1995년 이전 시기를 제외하고 나머지 시기는 편의상 5년 단위로 구분했으며, 연도 미상의 자료는 모두 한국지역자활센터협회에서 기증한 자료로 정확한 생산 연도를 파악하기 어려운 자료를 "연도 미상"으로 분류하여 제시한 것임.

특히 이 연구에서 수집한 1996년 이전까지의 민간 자료 중 몇 가지를 살펴보면, 1996년 시범사업 이전에 민간에서 이루어진 도시빈민을 위한 생산공동체 활동을 하던 주체들의 생각과 고민을 볼 수 있을 것이다.

---

22) 정부의 공공기록물과 학계의 학술논문 자료를 추가로 정리하고 있으며, 이를 포함하지 않은 통계이다. 아카이브는 추가 목록이 반영되는 2025년 3월 말에 최종적으로 구축 완료될 예정이다.

예를 들면, 1993년 "지역사회학교와 생산공동체 운동", 1994년 "일꾼두레의 문제점과 생산공동체 운동_사회운동의 새 지평을 열기 위하여", 1995년 "저소득층의 자활프로그램 활성화(Ⅱ)", 1996년 "관악자활지원센터 사업계획서", 1996년 "일본 노동자협동조합 운동과 한국에서의 도시하층 노동자협동조합운동" 등과 같은 자료는 시범사업 전의 민간에서 도시 빈곤을 위한 생산공동체 운동을 어떻게 이끌고 갈 것인지와 일본의 노동자협동조합 운동과 우리나라의 생산공동체 운동과의 관계성을 볼 수 있는 자료로 볼 수 있다. 특히 1995년 "저소득층의 자활프로그램 활성화(Ⅱ)"는 민간에서「국민복지기획단」에 자활지원센터 시범사업을 제안한 최초의 원고이며 1996년 "관악자활지원센터 사업계획서"는 1996년 시범사업이 실시될 때 관악 지역의 센터에서 제시한 사업계획서로 최초의 시범사업이 어떤 방향으로 지역 단위에서 이루어졌는지 볼 수 있는 자료로 사료23)의 가치가 크다고 할 수 있다.

〈표 4-3〉 자활지원제도 아카이브 자료의 유형

(단위: 개, %)

유형	자료 수	비율
단행본	311	32.19
문서류	531	54.97
사진	101	10.46
영상	1	0.1
정기간행물	13	1.35
미분류1)	9	0.93
Total	966	100

자료: 보건사회연구원. (2024). 자활지원제도 아카이브를 활용하여 저자가 분석하여 제시함.
주 1) 미분류 유형은 대부분 개인이 다양한 자료 유형을 묶어 만든 세미나 자료나, 연구자료로 활용하기 위해 만든 자료 묶음집임.

---

23) 아카이브의 비고 항목에 사료로서 가치가 있다고 판단한 근거를 제시하였음.

아카이브에 구축된 자료의 유형은 문서류가 가장 많으며, 전체 966개 자료 중 531개로 약 55%에 해당된다. 다음으로는 단행본이 311개로 약 32%로 나타났으며, 사진이 101개로 약 11% 정도다. 영상의 경우 1개의 자료가 수집되었는데, 이는 2004년에 자활사업 및 자활센터를 홍보하기 위해 제작된 TV 다큐멘터리 영상으로 협회에서 기증한 자료이다. 다음 절에서는 아카이브에 구축한 자료의 목록을 제시하고자 한다.

제2절 자활지원제도 역사자료 목록24)

〈표 4-4〉 자활지원제도 아카이브 자료 목록

번호	수집 출처	제목	발행 연도	자료 유형
1	B	지역사회학교와 생산공동체 운동	1993	문서류
2	B	일꾼두레의 문제점과 공동체 생산_사회운동의 새 지평을 열기 위하여	1994	문서류
3	B	협동조합 나래건설3	1994	사진
4	B	협동조합 나래건설4	1994	사진
5	B	협동조합 나래건설5	1994	사진
6	B	협동조합 나래건설6	1994	사진
7	B	협동조합 나래건설7	1994	사진
8	B	저소득층의 자활프로그램 활성화(II)	1995	문서류
9	D	김 대통령의 복지구상에 대한 비판적 고찰	1995	정기간행물(논문)
10	B	노원 부엄공동체 〈한마음작업장〉 사진	1996	사진
11	B	관악자활지원센터 개소식 사진-1	1996	사진
12	B	관악자활지원센터 개소식(순학구장권 송경용센터장-제1호 지정서교부) 사진자료-1	1996	사진

24) 여기서는 메타데이터의 일부 요소만 제시하고자 한다. 메타데이터의 모든 요소별로 전체 자료를 제시하기 위해서는 약 300페이지 이상의 지면이 소요되기 때문임.

제4장 자활지원제도의 역사자료 아카이브 구축 결과 111

번호	수집출처	제목	발행연도	자료유형
13	B	관악 나눔물산	1996	사진
14	B	관악 자활센터 개소식	1996	사진
15	B	노원 공동부엌장	1996	사진
16	B	마포 아름다운 세탁나라	1996	사진
17	B	서울시 관악구 봉천5동, 9동(관악지역자활센터 탄생 배경 지역)	1996	문서류
18	B	관악자활지원센터 사업계획서	1996	문서류
19	B	일본 노동자협동조합 운동과 한국에서의 도시하층 노동자협동조합 운동	1996	문서류
20	B	일본 노동자협동조합 운동과 한국에서의 도시하층 노동자협동조합 운동	1996	문서류
21	D	복지국가는 어떻게 찾아오는가?	1996	정기간행물(논문)
22	B	산후조리인 사업단(2006년 복지부 삼성생명 협회 비주미신모사랑봉사단 협약) 사진 자료-1	1997	사진
23	B	산후조리인사업단(2009년 경남 아가마지) 사진자료-2	1997	사진
24	B	집수리사업단 사진자료(2006년 경기지부 집수리사업단)-2	1997	사진
25	B	집수리사업단 사진자료_관악집수리공공제사진(관악 집수리공동체 비전의 작업모습)-1	1997	사진
26	B	청소사업단(관악자활 푸른환경) 사진자료_1	1997	사진
27	B	청소사업단(크리청) 사진자료_2	1997	사진
28	B	관악 소득방역(푸른환경)	1997	사진
29	B	관악 집수리	1997	사진
30	B	노원 지역사회포럼	1997	사진
31	B	복지부 장관 현장 간담회	1997	사진

번호	수집출처	제목	발행연도	자료 유형
32	B	관악지역자활센터 특별취로사업단 학교청소	1997	사진
33	B	자활지원센터시범사업 세미나	1997	사진
34	B	한국사회에서 도시빈민 생산자 협동조합 운동의 전망_노동자협동조합 '실과 바늘 경험을 중심으로	1997	문서류
35	B	자활지원센터의 현황과 과제	1997	문서류
36	B	자활지원센터의 기본구상과 정책과제	1997	문서류
37	B	지역사회복지운동으로서의 협동조합운동의 과제와 전망	1997	정기간행물(논문)
38	B	96년도 관악자활지원센터 사업실적보고서	1997	문서류
39	B	97년도 관악자활지원센터 사업계획서	1997	문서류
40	B	건설노동자쉼터(용역사업) 사업계획서	1997	문서류
41	B	한국사회에서 도시빈민 생산자 협동조합 운동의 전망	1997	문서류
42	B	봉제생산협동조합 사진 자료	1998	사진
43	B	음식물찌꺼기재활용사업단 사진 자료	1998	문서류
44	B	자활지원센터협회(준) 특별취로사업 도입 제안서	1998	문서류
45	B	자활지원센터협회(준) 회의 자료	1998	문서류
46	B	한국지역자활센터협회 CUG 사진	1998	사진
47	B	포당스의 실업자 운동	1998	문서류
48	B	성북 음식물 찌꺼기	1998	사진
49	B	관악지역자활센터 건설 사업단	1998	사진

제4장 자활지원제도의 역사자료 아카이브 구축 결과 113

번호	수집출처	제목	발행연도	자료 유형
50	B	관악지역자활센터 자활공동체 나눔물산	1998	사진
51	B	98사업계획 발표 및 97사업실적평가회의	1998	문서류
52	B	97년도 관악자활지원센터 사업실적보고서	1998	문서류
53	C	국민기초생활보장법 제정과 저소득 실직자 생활보장방안	1998	문서류
54	C	국민기초생활보장법 제정과 저소득 실직자 생활보장방안 보도자료	1998	문서류
55	B	제과제빵사업단 사진 자료	1999	사진
56	B	폐컴퓨터재활용사업단 사진 자료	1999	사진
57	B	신규자활지원센터 직원 및 관계공무원 WORK SHOP	1999	문서류
58	B	도시영세민 자활지원방안	1999	문서류
59	B	마포 제과제빵	1999	사진
60	B	음식물 찌꺼기 재활용 오리농장	1999	사진
61	B	자활지원센터 워크숍	1999	사진
62	B	한국지역자활센터협회 이정은 사무국장	1999	사진
63	B	관악자활센터 취로사업	1999	사진
64	B	관악지역자활센터_김정환 실장_틀별취로사업 설명회	1999	사진
65	B	자활지원센터의 성립과 지역복지적 의의	1999	정기간행물(논문)
66	D	저소득 장기실업자 보호방안 연구	1999	단행본
67	A	자활지원 work shop	2000	단행본
68	B	(사)한국지역자활센터협회 설립 인준 총회 자료집	2000	문서류

번호	수집출처	제목	발행연도	자료유형
69	B	(사)한국지역자활센터협회 설립 인준 총회 회의록	2000	문서류
70	B	(사)한국지역자활센터협회 설립 총회 자료집	2000	문서류
71	B	기초생활보장제도 급여결정 방식 및 행정 인프라에 관한 공청회	2000	문서류
72	B	자활후견기관 현지심사 방법	2000	문서류
73	B	공동체와 함께하는 자활지원	2000	문서류
74	B	자활·생산공동체운동의 길잡이	2000	문서류
75	C	2000년도 국민기초생활보장사업 안내	2000	문서류
76	C	2000년 자활후견기관 선정과정과 향후계획	2000	문서류
77	C	국민기초생활보장제도 시행준비현황 및 과제	2000	문서류
78	D	자활지원사업에 대한 10가지 생각	2000	na
79	B	임시 일용직 및 자활 대상자에 적합한 훈련프로그램 개발	2000	단행본
80	A	부산지역 자활사업 참여자의 특성에 관한 조사보고서	2001	단행본
81	B	2001년 신규자활후견기관 설장 및 지방자치단체 관계자 교육	2001	문서류
82	B	간병인사업 전국네트워크결성식 사진	2001	사진
83	B	간병 전문인력의 제도화 방안 마련을 위한 1차 실무자워크 회의	2001	문서류
84	B	지역복지 고용창출을 위한 전국복지간병사업 실무자 워크샵 보고서	2001	문서류
85	B	사회적 연대의 실현과 대안 경제를 찾아서	2001	문서류
86	B	광역지역자활센터 청소사업단_한국클리닝	2001	사진
87	B	자활지원사업을 통해 바라본 민관협력의 평가와 전망	2001	문서류

번호	수집출처	제목	발행연도	자료 유형
88	B	지역자활센터 활동가의 자세	2001	문서류
89	B	자활사업과 지역공동체	2001	문서류
90	B	자활사업과 지역공동체	2001	문서류
91	C	국민기초생활보장제도 시행 1년 보도자료	2001	문서류
92	C	2001년도 국민기초생활보장 수급자 주요현황 분석 보도자료	2001	단행본
93	D	자활대상자 선정 분류기준 관리체계 개선방안 연구	2001	단행본
94	D	자활지원사업추진 기본계획	2001	단행본
95	D	국민기초생활보장제도 운영실태 평가 및 개선방향	2001	단행본
96	D	자활지원 사례관리(Case Management) 매뉴얼 개발	2001	단행본
97	D	취업대상자 특성별 자활프로그램 제공방안	2001	단행본
98	A	전국 표준화 자활사업 발전방안 및 매뉴얼 개발	2002	단행본
99	A	지역 주요 자활사업 진단과 발전방안	2002	단행본
100	A	전국 자활후견기관의 교육현황 분석	2002	문서류
101	B	(사)한국지역자활센터협회 제2차 정기총회 자료집	2002	문서류
102	B	사회연대은행 설립 및 운영 계획	2002	문서류
103	B	자활후견기관 사업방향 재정립에 관한 제안문	2002	문서류
104	B	전국 간병사업 대표자 회의 회의록	2002	문서류
105	B	전국 복지간병인 한마당 행사 사진	2002	사진
106	B	대구광역자활지원센터 사업계획서	2002	문서류

번호	수집출처	제목	발행연도	자료 유형
107	B	자활지원제도 개선방안(案)	2002	문서류
108	B	관악자활청소년사업단_주민들과 실무자들	2002	사진
109	B	생산공동체운동의 역사와 자활지원사업	2002	정기간행물(논문)
110	C	2002년도 국민기초생활보장사업 안내	2002	문서류
111	C	국민기초생활보장 자활사업안내	2002	문서류
112	D	자생공동체 창업성화 방안 연구	2002	단행본
113	D	자활정책연구회 발표원고 모음집	2002	na
114	D	생산공동체운동의 역사와 자활지원사업	2002	정기간행물(논문)
115	D	노숙자 자활지원체계 개선방안 연구	2002	단행본
116	D	자활지원제도 체계 정립 방안 연구	2002	단행본
117	D	자활후견기관 평가결과와 정책대안	2002	단행본
118	D	전국 표준화 자활사업 발전방안 및 매뉴얼 개발	2002	단행본
119	A	자활실무자 의식요인 및 조직 안정화 방안 조사보고서	2003	단행본
120	A	자활공동체 현황과 발전과제	2003	단행본
121	B	2003년 자활후견기관 신임 실장 교육	2003	문서류
122	B	Group Work 기관운영실무에서 자활공동체까지	2003	문서류
123	B	공적간병서비스 제도화 추진을 위한 토론회	2003	문서류
124	B	(가칭) 광역자활지원센터 설치·운영(안)	2003	문서류
125	B	2003년 한국자활후견기관협회 부산지부 사업계획서	2003	문서류

번호	수집출처	제목	발행연도	자료유형
126	B	인센티브 거부 서면 자활노조 단식투쟁 사진	2003	사진
127	B	비상대책위원회 회의록	2003	문서류
128	B	비상대책위원회 제2차 회의	2003	문서류
129	B	비상대책위원회 제4차 회의	2003	문서류
130	B	비상대책위원회 제4차 회의록 및 복지부와 협의 내용	2003	문서류
131	B	비상대책위원회 제5차 회의자료	2003	문서류
132	B	비상대책위원회 제6차 회의	2003	문서류
133	B	비상대책위원회 제7차 회의록	2003	문서류
134	B	비상대책위원회 제8차 회의록	2003	문서류
135	B	복지부 3차 협의 결과 및 비상대책위원회 9차 회의록	2003	문서류
136	B	중앙자활센터 설립의 필요성과 사업지원조직으로서의 역할에 대한 제안서	2003	문서류
137	B	직업 능력 향상 교육 2003년 청소 사업단 워크숍 자료집	2003	문서류
138	B	평가를 통한 자활지원 철폐와 실무자 처우개선을 위한 전국실장대회 사진	2003	사진
139	B	2003년도 제7차 정기이사회 회의록	2003	문서류
140	B	(사) 자활협회 중앙 실무자 업무 분장표	2003	문서류
141	C	2003년 국민기초생활보장 사업안내	2003	문서류
142	C	국민기초생활보장 사업안내(II) -자활사업-	2003	문서류
143	C	2004년 종합자활지원계획(안)	2003	문서류
144	D	국민기초생활보장 수급대상 장애인의 자립자활 지원망 연구	2003	단행본

번호	수집출처	제목	발행연도	자료 유형
145	D	노숙자·부랑인 지원체계 개선방안	2003	단행본
146	D	한국 자활사업의 동향과 과제	2003	정기간행물(논문)
147	A	빈곤여성과 자활정책	2004	단행본
148	A	자활후견기관 평가지표 개발 및 2003년 사업개시 36개소 평가수행	2004	단행본
149	B	경기도 광역자활지원센터 사업계획서	2004	문서류
150	B	광역자활지원센터 사업계획서	2004	문서류
151	B	한국자활후견기관협회 제6차 정기총회 의사록	2004	문서류
152	B	2004 빈민자활대행전진-새로운 삶은 가능하다 사진 001	2004	사진
153	B	2004 빈민자활대행전진-새로운 삶은 가능하다 사진 003	2004	사진
154	B	2004 자활영상보고서	2004	영상
155	B	규모별 자동지원제도 도입 관련 논의 자료(협회, 보사연)	2004	문서류
156	B	부당감사 철회 집회 사진	2004	사진
157	B	부당감사 철회 집회 사진	2004	사진
158	B	부당감사 철회 집회 사진	2004	사진
159	B	빈민자활대행전진-자활생산품전시회 사진	2004	사진
160	B	빈민자활대행전진-자활생산품전시회 사진	2004	사진
161	B	노인간병보장제도회에 따른 자활간병사업 활성화 방안 토론회	2004	문서류
162	B	2004년 자활 리더십 향상을 위한 워크숍	2004	문서류
163	B	자활후견기관 지정취소, 통폐합 철회 철회 투쟁 관련 비상대책위원회 회의 자료	2004	문서류

번호	수집출처	제목	발행연도	자료 유형
164	B	주거복지센터협의회 준비회 회의록	2004	문서류
165	C	2004년 국민기초생활보장사업 안내	2004	문서류
166	C	2004년도 자활사업 안내	2004	문서류
167	C	2004년 주요업무 참고자료	2004	문서류
168	D	자활정책·지원제도 개선방안 연구	2004	단행본
169	D	참여복지 5개년계획	2004	문서류
170	B	자활사업 정상화를 위한 대국회 3대 요구사항	2005	문서류
171	B	(사)한국지역자활센터협회 2005년도 정기총회	2005	문서류
172	B	(사)한국지역자활센터협회 2005년도 정기총회 회의록	2005	문서류
173	B	자활긴빈사업 발전을 위한 '노인요양제도 사업 추진단' 개편 방안	2005	문서류
174	B	노인요양보험제도 사업추진단 2005년 1차 회의	2005	문서류
175	B	노인요양보험제도 사업추진단 2005년 2차 회의	2005	문서류
176	B	빈민자활정책 정상화 투쟁 촛불문화제 사진	2005	사진
177	B	빈민자활정책 정상화를 위한 대정부 5대 요구 성명서	2005	문서류
178	B	자활성공다짐대회 사진	2005	사진
179	B	자활성공다짐대회 사진	2005	사진
180	B	사단법인 한국자활후견기관협회 연수원 유치계획	2005	문서류
181	B	자활전진대회 사진	2005	문서류
182	B	자활지원제도 개선을 위한 공청회 사진	2005	사진

번호	수집 출처	제목	발행 연도	자료 유형
183	B	자활지원제도 개선을 위한 공청회	2005	문서류
184	B	장애통합교육보조원 사업 업무 협약서	2005	문서류
185	B	중앙자활지원센터 설립 추진안	2005	문서류
186	C	2005년 하반기 국민기초생활보장사업 안내	2005	문서류
187	C	2005년도 자활사업안내	2005	문서류
188	D	OECD 사회정책 동향분석 및 정책방향 비교연구	2005	단행본
189	D	자활제도 개선의 방향과 과제	2005	정기간행물(논문)
190	A	자활추진기관 지원체계 개선방안 연구	2006	단행본
191	A	외부자원 동원 및 사업개발 추진방안	2006	단행본
192	A	자활공동체 안내 매뉴얼	2006	단행본
193	A	2005년 정책자료 모음집	2006	단행본
194	B	청소사업단(2006년 대전 밝은세상) 사진자료-3	2006	사진
195	B	자활사업 5년의 성과 자활추진기관 사업페서	2006	문서류
196	B	(사)한국지역자활센터협회 정기총회 회의록	2006	문서류
197	B	간병사업 발전 전략 TFT 회의록	2006	문서류
198	B	구단현장 자활연구 공연 사진	2006	사진
199	B	사회적기업 발전을 위한 시민사회단체 연대회의(순) 3차 대표자 회의 자료	2006	문서류
200	B	사회적기업 발전을 위한 시민사회단체 연대회의(순) 3차 대표자 회의 결과	2006	문서류
201	B	사회적기업 발전을 위한 시민사회단체 연대회의' 국장단 실무회의 회의록	2006	문서류

번호	수집 출처	제목	발행 연도	자료 유형
202	B	「사회적기업의 설립 및 육성에관한법률안」 및 「사회적기업 지원 법안」에 관한 공청회	2006	문서류
203	B	「사회적기업법 어떻게 만들 것인가 올바른 사회적기업 제정을 위한 토론회」	2006	문서류
204	B	사회적기업지원법 안에 대한 의견	2006	문서류
205	B	자활간병사업의 과제와 대응방안 마련을 위한 워크숍 자료집	2006	문서류
206	B	사회적 기업 육성 및 지원법(안) 지역 순회 설명회	2006	문서류
207	B	주거복지의 미래 꿈꾸기	2006	문서류
208	B	자활사업의 효과, 제대로 평가하자	2006	문서류
209	C	2006년도 국민기초생활보장사업 안내	2006	문서류
210	C	2006년도 자활사업안내	2006	문서류
211	C	2006년도 자활사업지침 주요 개정(안)	2006	문서류
212	C	2006년도 자활사업지침 주요 개정내용(안)	2006	문서류
213	D	자활공동체 유형별 빈곤여성의 자활 경험에 관한 연구	2006	정기간행물(논문)
214	D	근로빈곤층 자활지원 법률체계 개편방안	2006	단행본
215	D	국민기초생활보장제도 개별급여체계 도입방안	2006	단행본
216	B	자활경영학교	2007	문서류
217	B	자활입문과정	2007	문서류
218	B	자활기초과정	2007	문서류
219	B	자활심화과정	2007	문서류
220	B	영업마케팅 실전과정	2007	문서류

번호	수집출처	제목	발행연도	자료 유형
221	B	자활공동체 실전과정	2007	문서류
222	B	자활교육 운영매뉴얼	2007	문서류
223	B	일본과 한국의 사회적기업 현황	2007	문서류
224	B	2007년도 정기총회 회의자료	2007	문서류
225	B	저소득 주민 일자리 지원 및 자활지원에 관한 법률	2007	문서류
226	B	2007년 지역자활센터 주민자치조직(신용조합, 상조회) 현황	2007	문서류
227	B	정책위원회 2차 자활정책 포럼	2007	문서류
228	B	자활지원조직(중앙자활센터)의 구성과 운영원칙에 관한 논의	2007	문서류
229	B	근로연계복지 제도로서 우리나라 자활사업의 특징	2007	문서류
230	C	2007년도 국민기초생활보장사업 안내	2007	문서류
231	C	2007년도 자활사업안내	2007	단행본
232	D	2006년도 저소득층 자활사업 실태조사	2007	단행본
233	D	「New Work Test」 개발 최종보고서	2007	단행본
234	A	우리나라 노후 소득보장체계 구축에 관한 종합연구	2008	단행본
235	A	탈수급 및 수급예방을 위한 공공부조 개선방안 연구	2008	단행본
236	A	자활지원제도 및 중앙자활센터 소개	2008	단행본
237	A	자활읽기 1호	2008	단행본
238	B	2008년도 정기총회 회의자료	2008	문서류
239	B	2008년도 사업계획(안) 승인의 건	2008	문서류

번호	수집 출처	제목	발행 연도	자료 유형
240	B	2008년 정기총회 회의록	2008	문서류
241	B	세계화 시대의 새로운 복지	2008	문서류
242	B	돌봄서비스 네트워크화 사업 추진계획	2008	문서류
243	B	2008년 제2차 사회서비스추진단 회의록	2008	문서류
244	B	2008년도 자활포럼 자활사업의 정책성과 지역자활센터의 역할	2008	문서류
245	B	중앙자활센터 개소식	2008	문서류
246	C	2008년도 국민기초생활보장사업 안내	2008	문서류
247	C	2008년도 자활사업안내	2008	문서류
248	D	저소득층 사회서비스 실행방안 연구	2008	단행본
249	D	저소득층 자활지원 사회서비스 성과관리 외국사례 분석	2008	단행본
250	D	자활분야 사회서비스 원가분석 및 성과지표 개발 연구보고서	2008	단행본
251	D	근로능력 수급자의 탈수급에 관한 연구	2008	단행본
252	D	'일을 통한 복지' 실현을 위한 고용지원서비스 발전방안	2008	단행본
253	D	자활사례관리모델개발	2008	단행본
254	D	저소득가구 자녀를 위한 자활서비스 제공방안 연구	2008	단행본
255	D	기초생활보장제도 개편방안	2008	단행본
256	D	지역사회 자활지원서비스 성과평가를 위한 원가분석 및 지표개발 원문보고서	2008	단행본
257	A	자활공동체 발전 전망에 관한 연구	2009	단행본
258	A	2009년 한,일 심포지엄 자활사업과 커뮤니티 비즈니스	2009	단행본

번호	수집출처	제목	발행연도	자료 유형
259	A	자활사업 인프라의 역할 모델 및 성과관리체계 개발	2009	단행본
260	A	지역자활센터 실태 및 사업현황 분석	2009	단행본
261	A	마이크로데딧 성과지표개발 연구보고서	2009	단행본
262	A	지역사회서비스투자사업(지역개발형) 성과평가 및 발전방안 연구	2009	단행본
263	A	자활읽기 2호	2009	단행본
264	B	자활 한 일 심포지엄 자활사업과 커뮤니티 비즈니스	2009	문서류
265	B	2009년 자활제도개선 종합보고서	2009	문서류
266	B	경제위기와 民의 대안 토론회 자료집	2009	문서류
267	B	정부양극 전문 돌봄기업 건설을 위한 자상위 양국 돌봄사업 제안서	2009	문서류
268	B	자립촉진지원제도 실무작업단TF 4차 회의 보고	2009	문서류
269	B	자활공제협동조합 제3기 이카데미	2009	문서류
270	B	자활공제회 추진단 1차 포럼	2009	문서류
271	B	사회적경제 관점에서 본 자활공제회의 가능성	2009	문서류
272	B	자활공제회의 가치와 비전을 토대로 한 향후 추진 방향	2009	문서류
273	B	자활공제협동조합 발기인대회 (1)	2009	사진
274	B	자활공제협동조합 발기인대회 (2)	2009	사진
275	B	자활공제협동조합 발기인대회 (3)	2009	사진
276	B	지역자활센터의 활동 현황을 통해 바라본 자활사업의 과거와 현재, 그리고 미래	2009	문서류
277	C	2009년도 국민기초생활보장사업 안내	2009	문서류

번호	수집출처	제목	발행연도	자료 유형
278	C	국민기초생활보장 2009년도 자활사업 안내	2009	문서류
279	C	2009 주요업무참고자료	2009	문서류
280	D	기초생활보장제도 운영에 따른 행정비용에 관한 연구	2009	단행본
281	D	근로능력 수급자의 탈빈곤요인 실태조사	2009	단행본
282	D	자립촉진지원제도 도입방안 연구	2009	단행본
283	D	자활근로사업단 수익금 관리 및 활용방안	2009	단행본
284	A	자활인큐베이팅사업 표준운영매뉴얼 개발연구(실태조사 제외)	2010	단행본
285	A	자활인큐베이팅사업 표준운영매뉴얼 개발연구	2010	단행본
286	A	지역자활센터 운영비 개선안 적용방안 연구	2010	단행본
287	A	자활사업의 10년 평가	2010	단행본
288	A	희망리본 프로젝트 통합 업무매뉴얼 개발연구	2010	단행본
289	A	자활운동의 역사와 철학	2010	단행본
290	A	자활분야 사회서비스 10년 성과평가 연구	2010	단행본
291	A	자활인큐베이팅사업 표준운영매뉴얼 개발연구	2010	단행본
292	A	사회서비스 효과성 분석 및 성과 제고 방안	2010	단행본
293	A	2010 자활복지포럼 자활사업 미래상을 제시하다	2010	단행본
294	A	자활사업 참여주민 자활의욕고취를 위한 교육과정 개발 연구용역	2010	단행본
295	A	2009년 희망리본프로젝트 수혜자 만족도 조사 결과 통계	2010	단행본
296	A	자활 인큐베이팅 사업 현장 간담회 자료집	2010	단행본

번호	수집출처	제목	발행연도	자료유형
297	A	자활읽기 3호	2010	단행본
298	A	자활읽기 4호	2010	단행본
299	A	자활읽기 5호	2010	단행본
300	A	사회개발컨소시엄 The Self-Sufficiency Program in Korea 조준용 교수님 초록	2010	문서류
301	B	2010년 제3차 지부사무국 회의록	2010	문서류
302	B	2011년 지역자활센터 규모별 평가지표 개선	2010	문서류
303	B	전국 자활 돌봄사회서비스 교육 현황 및 수요파악을 위한 설문조사 결과 보고서	2010	문서류
304	B	돌봄사회서비스 교육현황 및 수요파악을 위한 설문조사 설문지	2010	문서류
305	B	지역자활센터 보조금 지급 개선과 자활프로그램 개편방향	2010	문서류
306	B	사회서비스총괄본부 회의 회의록	2010	문서류
307	B	양극복지사업단사업 6월 배달현황조사 결과	2010	문서류
308	B	정부양극복지사업 중앙운영단 회의	2010	문서류
309	B	(가칭) 자활공제협동조합 연합회 창립총회	2010	문서류
310	B	자활공제협동조합 연합회 창립총회 회의록	2010	문서류
311	B	제1차 자활민간자격제도 추진단 회의 결과	2010	문서류
312	B	자활운동의 역사와 철학 기념행사 사진	2010	사진
313	B	자활운동의 역사와 철학	2010	문서류
314	B	자활자격제도 추진을 위한 현장 설문조사	2010	문서류
315	B	2010년 자활현장강화포럼 자료집	2010	문서류

제4장 자활지원제도의 역사자료 아카이브 구축 결과

번호	수집출처	제목	발행연도	자료 유형
316	B	10년 자활인큐베이터사업 전국네트워크 실무대표자 워크숍	2010	문서류
317	B	깨끗한학교만들기 사업 설문 분석자료	2010	문서류
318	B	[공문] 학교사업 및 학교청소사업 환경변화에 대응하기 위한 현황조사	2010	문서류
319	B	한국협회 10주년 기념행사 사진	2010	사진
320	B	한국협회 10주년 기념행사 사진	2010	사진
321	B	자활운동의 역사와 철학	2010	단행본
322	C	2010년 국민기초생활보장사업 안내	2010	문서류
323	C	2010 자활사업안내	2010	문서류
324	C	2010 주요업무참고자료	2010	문서류
325	D	국민기초생활보장제도 10년평가 [I]	2010	na
326	D	국민기초생활보장제도 10년평가 [III]	2010	na
327	D	국민기초생활보장제도 10년평가 [IV]	2010	na
328	D	국민기초생활보장제도 10년평가 [V]	2010	na
329	D	국민기초생활보장제도 10년평가 [VI]	2010	na
330	D	성과관리형 자활 시범사업 모니터링 및 평가 연구	2010	단행본
331	D	자활분야 사회서비스 10년 성과평가 연구	2010	단행본
332	D	자활사업 10년의 평가 및 전망	2010	정기간행물(논문)
333	A	2011 자활복지포럼 변화하는 빈곤, 변화하는 자활사업	2011	단행본

번호	수집출처	제목	발행연도	자료 유형
335	A	유럽의 자활 프로그램 효과성 분석 연구	2011	단행본
336	A	베이비부머 은퇴 후 생활지원을 위한 신복지모형 개발 연구	2011	단행본
337	A	한국형 빈곤정책의 새로운 패러다임 모색을 위한 공청회 -맞춤형 보장, 자립 촉진과 지속가능성의 조화	2011	단행본
338	A	미래희망 돌봄사업 효과성 평가 연구	2011	단행본
339	A	사회서비스 일자리형 사업단 만족도 조사 결과 보고서	2011	단행본
340	A	자활공동체 활성화 방안에 대한 탐색	2011	단행본
341	A	광역자활센터 성과관리 효율화 매뉴얼 개발 연구	2011	단행본
342	A	자활읽기 6호	2011	단행본
343	A	자활읽기 7호	2011	단행본
344	B	(가칭) 돌봄협회 추진단 회의 회의록	2011	문서류
345	B	2011년 정기총회 자료집	2011	문서류
346	B	2011년 정기총회 회의록	2011	문서류
347	B	2011년 제9차 이사회 회의결과	2011	문서류
348	B	규모별 지표에 따른 각 지부별 유형현황 및 방향	2011	문서류
349	B	농어촌 지역자활센터 성과지표 설문조사 결과	2011	문서류
350	B	농어촌 지역자활센터 방향성 정리를 위한 관심장 간담회	2011	문서류
351	B	농어촌지역자활센터 사업방향 설문조사 결과	2011	문서류
352	B	농어촌지역자활센터 사업방향 설문조사 설문지	2011	문서류

번호	수집 출처	제목	발행 연도	자료 유형
353	B	[공문] (가칭) 돌봄사회서비스 공공성 실현을 위한 협회 건설 제안 및 지부 의견 수렴 요청	2011	문서류
354	B	(가칭) 돌봄사회서비스 공공성 실현을 위한 협회 건설을 제안하며	2011	문서류
355	B	「민코계층을 위한 자활사업 개선방안」 국회 토론회	2011	문서류
356	B	2011년 제2차 사회서비스 총괄사업본부 회의록	2011	문서류
357	B	사회서비스총괄사업본부 돌봄사회서비스 기초현황조사 결과	2011	문서류
358	B	사회서비스총괄사업본부 돌봄사회서비스 기초현황조사 설문지	2011	문서류
359	B	사회서비스총괄사업본부 돌봄협회 구성을 위한 2차 간담회 회의록	2011	문서류
360	B	사회서비스총괄사업본부 회의록(자활돌봄사회서비스 사업체계 개편에 대한 논의내용)	2011	문서류
361	B	사회적경제 함께만들기 중앙추진단회의 회의록	2011	문서류
362	B	사회적경제, 그 의미와 자활사업 토론회 자료집	2011	문서류
363	B	성과평가와 규모지원(평가) 분리 운영 관련 제안서, 논의 자료(협회, 복지부)	2011	문서류
364	B	2011년 자활포럼 자활공동체 활성화 방안에 대한 탐색	2011	문서류
365	B	2011년 자활현장강화포럼 자료집	2011	문서류
366	B	2011년 제2차 제도개선 TFT 회의록	2011	문서류
367	B	2011년 제2차 제도개선 TF 회의자료	2011	문서류
368	B	2011년 제3차 제도개선 TF 회의자료	2011	문서류
369	B	2011년 제3차 제도개선 TFT 회의록	2011	문서류
370	B	2011년 제5차 제도개선 TF 회의자료	2011	문서류
371	B	2011년 제5차 제도개선 TFT 회의록	2011	문서류

연호	수집출처	제목	발행연도	자료유형
372	B	조직강화특별위원회 제3차 회의결과	2011	문서류
373	B	조직강화특별위원회 제3차 회의자료	2011	문서류
374	B	사무실 임대현황 조사 결과	2011	문서류
375	B	전국 청소년 네트워크 전국실무 워크숍 기획단 회의	2011	문서류
376	B	2011년 청소년 전국실무대표 네트워크 회의록결과요약	2011	문서류
377	B	한국주민운동 40주년 기념행사 및 주민지도자 포럼 현장사진	2011	사진
378	B	가난·공동체·생명의 미래로	2011	문서류
379	B	한국지역자활센터협회 조직체계 개선(안)	2011	문서류
380	B	한국지역자활센터협회 신문사업단 네트워크 회의록	2011	문서류
381	B	업무연락(업무2010-05-123)	2011	문서류
382	B	[공문] 농어촌지역 지역자활센터 자활사업방향 설문조사 안내	2011	문서류
383	B	[공문] 농어촌지역 자활사업방향 정리를 위한 관·실장 간담회	2011	문서류
384	B	[공문] 농어촌지역 지역자활센터 성과지표 의견조사 안내	2011	문서류
385	B	[공문] 지부별 대표자회의 개최 안내	2011	문서류
386	B	자활공동체 관련 문헌의 시기별 특징	2011	문서류
387	C	2011년 국민기초생활보장사업안내	2011	문서류
388	C	2011년 자활사업안내	2011	문서류
389	C	2011 주요업무참고자료	2011	문서류
390	D	근로능력 및 자활역량 판정체계 개편방안	2011	단행본

번호	수집출처	제목	발행연도	자료 유형
391	D	부랑인·노숙인 복지서비스 지원체계 개편방안 연구	2011	단행본
392	D	자활기금 사용 실태조사 및 활성화 방안	2011	단행본
393	D	한국의 시·도별 자활복지행정에 관한 연구	2011	정기간행물(논문)
394	A	자활사업 분야(불완전 취업자) 매뉴얼 개발 연구	2012	단행본
395	A	지역자활센터 표준 운영 매뉴얼 개발 연구	2012	단행본
396	A	사회서비스사업단 활성화 방안연구	2012	단행본
397	A	자활사업 참여자 매뉴얼구축연구	2012	단행본
398	A	자활사업의 사회적경제 연계 등 다변화 방안 연구	2012	단행본
399	A	2012 자활복지포럼 자활사업, 새로운 "공유자원"을 찾아서	2012	단행본
400	A	자활사업 신성과지표 개발 연구	2012	단행본
401	A	가사간병 방문도우미사업 실태조사	2012	단행본
402	A	지역의 자활사업 다각화 방안 연구	2012	단행본
403	A	저소득층 양육사업 효율화 방안 연구	2012	단행본
404	A	자활사업 참여자 집단프로그램의 정신건강적 효과분석	2012	단행본
405	A	2012 자활제도개선 연구	2012	단행본
406	A	지역자활센터 현황 및 사업성과 실태분석	2012	단행본
407	A	자활사업 협동조합 모형 개발 및 발전방안 연구	2012	단행본
408	A	자활기업, 협동조합으로 기업하라!	2012	단행본
409	A	부산광역시 자활사업 성과측정에 관한 연구	2012	단행본

번호	수집출처	제목	발행연도	자료 유형
410	A	자활사업 인프라 기능조정 및 역할정립방안 연구	2012	단행본
411	A	자활 취업,창업과정 기본교육 개발	2012	단행본
412	A	희망나르미 자활 정부양곡 배송사업 성과분석에 관한 연구	2012	단행본
413	A	비수급·차상위자를 중심으로 한 빈곤사각지대 지원정책방향과 자활사업의 역할 모색	2012	문서류
414	A	사회적경제형 자활기업 육성의 필요성과 추진 방안	2012	단행본
415	A	자활 비즈니스 컨설턴트 양성과정 개발	2012	단행본
416	A	자활읽기 8호	2012	단행본
417	A	자활읽기 9호	2012	단행본
418	A	2012년 지역자활센터 성과평가 1차 평가위원회 계획	2012	문서류
419	A	2012년 지역자활센터 성과평가 1차 평가위원회 결과보고	2012	문서류
420	A	2012년 지역자활센터 성과평가 2차 평가위원회 결과보고	2012	문서류
421	A	2012년 지역자활센터 성과평가 3차 평가위원회 결과보고	2012	문서류
422	A	2012년 지역자활센터 성과평가 안내서	2012	문서류
423	A	2012년 이사회	2012	문서류
424	A	제16회 중앙자활센터 이사회	2012	문서류
425	B	2012년 제1차 (가칭) 한국자활도봉사회서비스협회 창립준비위원회 회의결과	2012	문서류
426	B	2012년 제1차 (가칭) 한국자활도봉사회서비스협회 창립준비위원회 회의결과	2012	문서류
427	B	2012년 제2차 (가칭) 한국자활도봉사회서비스협회 창립준비위원회 회의결과	2012	문서류
428	B	창립총회 이사록	2012	문서류

번호	수집출처	제목	발행연도	자료 유형
429	B	임시이사회 2012년 제1차 회의결과	2012	문서류
430	B	2012년 정기총회 자료집	2012	문서류
431	B	제12차 정기총회 회의록	2012	문서류
432	B	〈희망경로개척을 위한 사례관리사업〉 60개 기관 간담회 개최 회의록	2012	문서류
433	B	2012 전국자활대회 사진 (1)	2012	사진
434	B	2012 전국자활대회 사진 (2)	2012	사진
435	B	2012 전국자활대회 사진 (3)	2012	사진
436	B	2012년 하반기 자활사업안내' 개정(안)에 대한 의견서	2012	문서류
437	B	조직강화소위원회(가칭) 제1차 회의결과	2012	문서류
438	B	제2차 회의결과	2012	문서류
439	B	한국돌봄사회서비스협회 창립총회 발기인 대회 사진 (1)	2012	사진
440	B	한국돌봄사회서비스협회 창립총회 발기인 대회 사진 (2)	2012	사진
441	B	2012년 제3차 한국돌봄사회서비스협회 창립준비위원회 회의	2012	문서류
442	B	비전수립위원회 워크숍	2012	문서류
443	B	한국지역자활센터협회 「비전수립위원회」 워크숍 결과정리	2012	문서류
444	B	비전수립 「실행위원회」 제9차 (TF)회의자료	2012	문서류
445	B	비전수립 「실행위원회」제1차 회의결과	2012	문서류
446	B	한국지역자활센터협회 「비전수립위원회」 제1차 회의결과	2012	문서류
447	B	비전수립추진위원회 제1차 회의자료(워크숍)	2012	문서류

번호	수집출처	제목	발행연도	자료 유형
448	B	빈곤보호와 극복을 위한 19대 총선공약 발표 및 정당 토론회 요약본	2012	문서류
449	B	빈곤보호와 극복을 위한 정책제안 및 정당토론회 자료집	2012	문서류
450	B	빈곤보호와 극복을 위한 정책토론회 자료집	2012	문서류
451	B	자활 비전 수립을 위한 대토론회 정책의제 발굴을 위한 간담회 자료	2012	문서류
452	B	한국지역자활센터협회「비전수립위원회」정책의제 발굴을 위한 간담회	2012	문서류
453	B	자활 환경변화 대응 연구를 위한 센터 설문조사 설문지	2012	문서류
454	B	자활사례관리 활성화를 위한 주요과제	2012	문서류
455	B	센터 유형적합 여부에 대한 의견서	2012	문서류
456	B	성과평가 지역유형별 지역 선정 현장 의견 수렴조사	2012	문서류
457	B	한국지역자활센터협회「주거복지 사업 전국 실무대표 네트워크」 2012년 제1차 회의자료	2012	문서류
458	B	지부 비전 수립 워크숍	2012	문서류
459	B	자활사례관리 매뉴얼(안)	2012	문서류
460	B	한국지역자활센터협회「청소년사업네트워크」 2012년 제2차 회의결과	2012	문서류
461	B	[공문] 2012년 자활사업 협의를 위한 운영 협의회 구성 및 개최요청의 건	2012	문서류
462	B	지역자활센터 자활사업 개선을 위한 제언	2012	문서류
463	B	한국지역자활센터협회「(가칭)매장·유통 전국네트워크」2012년 제1차 회의결과	2012	문서류
464	B	[공문] 2012년 자활사례관리 시범사업 모니터링 결과 및 주요과제에 대한 의견수렴 안내	2012	문서류
465	B	2012 제도개선을 위한 현장 인식 분석 조사 결과와 향후 전망	2012	문서류
466	B	서울자활한마당	2012	사진

번호	수집출처	제목	발행연도	자료 유형
467	C	2012년 국민기초생활보장사업 안내	2012	문서류
468	C	2012년 자활사업 안내	2012	문서류
469	D	빈곤정책 제도개선 방안 연구	2012	단행본
470	D	자활사업의 사회적경제 연계 등 다변화 방안 연구	2012	단행본
471	D	사회보장 통계관리 전략수립 방안	2012	단행본
472	D	외국의 근로빈곤정책연구	2012	단행본
473	D	희망리본 시범사업 성과평가 및 본 사업 추진방안	2012	단행본
474	A	자활서비스 현황과 정책과제	2013	단행본
475	A	지역자활센터의 사회적협동조합 적용 모델에 관한 연구	2013	단행본
476	A	2013년 지역자활센터 이용자 만족도 조사 결과 보고서	2013	단행본
477	A	2013 자활복지포럼	2013	단행본
478	A	국내외 사회적 금융 사례를 통한 한국의 마이크로크레딧 산업 발전방안 연구	2013	문서류
479	A	2013년 지역자활센터 운영개선 교육	2013	단행본
480	A	2013년 지역자활센터 평가 사회서비스형 사업단 이용자 만족도 조사 결과보고서	2013	문서류
481	A	점인 창립 10주년 기념 토론문	2013	문서류
482	A	2013 내일행복 자활토론회 결과보고	2013	문서류
483	A	주택바우처 제도 도입을 위한 토론회	2013	단행본
484	A	자활읽기 10호	2013	단행본
485	A	자활읽기 11호	2013	단행본

번호	수집출처	제목	발행연도	자료유형
486	A	2012년 지역자활센터 성과평가 평가위원 간담회 결과보고	2013	문서류
487	A	2013년 지역자활센터 성과평가 1차 평가위원회 결과보고	2013	문서류
488	A	2013년 지역자활센터 성과평가 2차 평가위원회 결과보고	2013	문서류
489	A	2013년 지역자활센터 성과평가 3차 평가위원회 결과보고	2013	문서류
490	A	2013년 지역자활센터 성과평가 4차 평가위원회 결과보고	2013	문서류
491	A	2013년 지역자활센터 성과평가 평가위원회 결과보고	2013	문서류
492	A	2013년 지역자활센터 성과평가 계획	2013	문서류
493	A	2013년 광역자활센터 성과평가 추진계획	2013	문서류
494	A	제19회 중앙자활센터 이사회	2013	문서류
495	A	자활사업 참여자 패널구축연구 2차년도 보고서	2013	단행본
496	A	2013년 희망키움통장의 성과 및 향후 발전과제	2013	단행본
497	A	늘어주는 지역 자활사업의 특성과 사회적경제 연계방안	2013	단행본
498	B	2013년도 임시총회 자료집	2013	문서류
499	B	2013년도 2차 임시총회 회의록	2013	문서류
500	B	(사)한국지역자활센터협회 제13차 정기총회 자료집	2013	문서류
501	C	2013년 국민기초생활보장사업 안내	2013	문서류
502	C	2013 자활사업 안내	2013	문서류
503	C	2013 주요업무 참고자료	2013	문서류
504	D	맞춤형 고용복지 연계 강화를 위한 자활인프라 개편방안	2013	단행본

제4장 자활지원제도의 역사자료 아카이브 구축 결과 137

번호	수집출처	제목	발행연도	자료유형
505	D	국민기초생활보장제도의 맞춤형 급여체계 개편방안 마련을 위한 연구	2013	단행본
506	D	자활촉진을 위한 복지-고용-여성가족제도 연계방향 활성화 연구	2013	단행본
507	A	고용·복지 연계를 통한 근로빈곤층의 자립지원 강화방안	2014	단행본
508	A	자활사업의 사업연계를 위한 사회적경제 자원조사	2014	단행본
509	A	자활사업의 사업연계를 위한 사회적경제 자원조사 부록	2014	단행본
510	A	지역자활센터 사회적협동조합 설립 전설팅 최종보고서	2014	단행본
511	A	법제화에 따른 광역자활센터의 역할 재정립 및 운영 개선방안	2014	단행본
512	A	2014 자활기업 백서	2014	단행본
513	A	자활사업 활성화 고용영향평가 연구	2014	단행본
514	A	자립지원법 제정을 위한 법제연구	2014	단행본
515	A	자활사업 전환모델 개발사업 설명회 및 중앙-광역-협회 사업위 수행사업 간담회	2014	문서류
516	A	현장 적합성 제고를 위한 자활사업 안내 전설팅 보고서	2014	문서류
517	A	자활읽기 12호	2014	단행본
518	A	자활읽기 13호	2014	단행본
519	A	2014년 지역자활센터 성과평가 안내서	2014	문서류
520	A	제23회 중앙자활센터 이사회	2014	문서류
521	A	제27회 중앙자활센터 이사회	2014	문서류
522	A	광역자활센터의 성과관리 및 향후 방향성	2014	문서류
523	A	2013 광역자활센터 성과평가 세부 추진계획(안)	2014	문서류

번호	수집출처	제목	발행연도	자료 유형
524	B	2014 전국 자활기업대회 행사사진 (1)	2014	사진
525	B	2014 전국 자활기업대회 행사사진 (2)	2014	사진
526	B	자활기업의 사회적 성과와 지속운영 방안	2014	문서류
527	B	2014 전국지역자활센터장 연수	2014	문서류
528	B	2014 전국지역자활센터장 연수 회의록	2014	문서류
529	B	기초보장제도와 고용복지정책 개선방안	2014	문서류
530	B	2014년 자활 사례관리 간담회	2014	문서류
531	B	자활사례관리 시범사업 참여기관 회의 자료집	2014	문서류
532	B	자활제도와 유행전환 및 기능 개편 시범사업 수정안	2014	문서류
533	B	자활제도와 유행전환 및 기능 개편 시범사업 지부 순회 간담회 회의록	2014	문서류
534	B	자활제도와 유행전환 및 기능 개편 시범사업 지부 순회 회의 자료	2014	문서류
535	C	2014년 국민기초생활보장사업 안내	2014	문서류
536	C	2014 자활사업 안내(I)	2014	문서류
537	C	2014 주요업무 참고자료	2014	문서류
538	D	성과계약 위탁제 도입에 따른 자활근로사업 수행주체 성과평가 지표개발 및 성과평가 활용방안	2014	단행본
539	D	2014년 사회보장제도 모니터링 연구	2014	단행본
540	D	국민기초생활보장제도 부양의무자 재산기준 개선방안 연구	2014	단행본
541	B	지역자활센터 및 자활근로사업 방향성	2014	문서류
542	A	근로빈곤층 실태조사	2015	단행본

연번	수집출처	제목	발행연도	자료 유형
543	A	2014년 지역자활센터 평가 사회서비스형 사업단 이용자 만족도 조사 결과보고서	2015	단행본
544	A	한국자활연수원 자활사업 인재육성 체계 연구	2015	단행본
545	A	기능전환 시범사업 실태조사	2015	단행본
546	A	자산형성지원사업의 효과성 분석 및 중장기 추진방안 마련을 위한 연구	2015	단행본
547	A	자활사업 참여자 패널구축연구 3차년도 보고서	2015	단행본
548	A	자활기업 실태조사(인쇄본)	2015	단행본
549	A	자활기업 실태조사	2015	문서류
550	A	자활기업, 사회적프랜차이징 가능한가? 토론회 결과보고	2015	단행본
551	A	근로유지형 자활근로사업의 운영평가와 효율화방안	2015	단행본
552	A	자활읽기 14호	2015	단행본
553	A	자활읽기 15호	2015	단행본
554	A	자활읽기 16호	2015	문서류
555	A	한국자활연수원 소개(개원)	2015	문서류
556	A	2015년 지역자활센터 성과평가 안내서	2015	문서류
557	A	2015년 지역자활센터 성과평가 계획	2015	문서류
558	A	2015년 광역자활센터 성과평가 계획	2015	문서류
559	A	제28회 중앙자활센터 이사회	2015	문서류
560	A	제30회 중앙자활센터 이사회	2015	문서류
561	A	자활사업 참여자 패널화 추진연구 4차년도 패널조사 연구 보고서	2015	단행본

번호	수집출처	제목	발행연도	자료 유형
562	B	사회적경제기본법이 자활정책에 미치는 영향	2015	문서류
563	B	2015년 제6차 임시이사회 결과	2015	문서류
564	B	자활사업의 지역화 실천 연구 참여기관 보고회	2015	문서류
565	B	자활제도화 15주년 기념 포럼 맞춤형 급여-자활정책의 성과와 개선과제 자료집	2015	문서류
566	B	지역자활센터 및 자활기업의 지역사회실천 모형에 관한 연구	2015	단행본
567	B	지역자활센터 종사자 급여현황 및 개선과제	2015	문서류
568	B	지역자활센터 종사자 처우개선 성명서	2015	문서류
569	B	지역자활센터 종사자 처우개선 요구안	2015	문서류
570	B	지역자활센터 종사자 처우개선 토론회 성료	2015	문서류
571	C	2015년 국민기초생활보장사업 안내 맞춤형 급여 운영방안	2015	문서류
572	C	2015년도 자활사업 안내(I)	2015	문서류
573	C	2015 주요업무 참고자료	2015	문서류
574	D	근로빈곤층 취업 우선 지원 사업 성과 평가 및 개선 방안	2015	단행본
575	D	근로빈곤층 대상 고용-복지서비스 연계 강화 방안	2015	단행본
576	D	국민기초생활보장제도의 맞춤형 급여체계 개편 실행방안 연구	2015	단행본
577	D	노숙인복지시설 기능강화 방안 연구	2015	단행본
578	D	맞춤형 급여제도 개편에 따른 차상위계층 지원제도 개선 방안	2015	단행본
579	D	서민금융 총괄기구 설립 및 네트워크 구축방안	2015	단행본
580	A	제31회 중앙자활센터 이사회	2016	문서류

번호	수집출처	제목	발행연도	자료유형
581	A	제32회 중앙자활센터 이사회	2016	문서류
582	A	자활사업의 효과성에 대한 종합적 평가방안 구축	2016	단행본
583	A	자활지원 정책의 개선방안에 관한 연구	2016	단행본
584	A	자활기업 조사자료를 활용한 자활기업 특성 분석 연구	2016	단행본
585	A	일을 통한 미래자활복지 구상	2016	단행본
586	A	자활자료 구축 개선 및 활용 방안(세미)	2016	단행본
587	A	2016 자활복지 국제포럼 빈곤정책의 미래를 만나다	2016	단행본
588	A	고용복지 참여 현황 분석 및 조사 연구	2016	단행본
589	A	자활사례관리 표준운영매뉴얼 개발연구	2016	단행본
590	A	2015년 지역자활센터 평가 사회서비스형 사업단 이용자 만족도 조사 결과보고서	2016	단행본
591	A	자활사업 참여자 패널화 추진연구 5차년도 패널조사 연구 보고서	2016	단행본
592	A	자활읽기 17호	2016	단행본
593	A	자활읽기 18호	2016	단행본
594	A	자활읽기 19호	2016	단행본
595	A	2016년 지역자활센터 성과평가 계획	2016	문서류
596	A	2016년 광역자활센터 성과평가 계획	2016	문서류
597	A	자활과 복지 3호	2016	단행본
598	B	자활사례관리 인센티브 가이드라인 제안	2016	문서류
599	B	자활사례관리사 처우현황 조사 결과	2016	문서류

번호	수집 출처	제목	발행 연도	자료 유형
600	C	2016년 국민기초생활보장사업 안내	2016	문서류
601	C	2016년 자활사업 안내(I)	2016	문서류
602	C	2016 주요업무 참고자료	2016	문서류
603	D	근로빈곤층 소득연계 소득보장제도 개선방향	2016	단행본
604	D	사회통합형 북한이탈주민 지원방안 모색	2016	단행본
605	D	노동시장 진화형 사회안전망 확대 연구	2016	문서류
606	D	맞춤형 급여체계 도입에 따른 국민기초생활보장제도의 부양의무자 기준 개선방안	2016	단행본
607	A	자활과 복지 4호	2017	단행본
608	A	자활과 복지 5호	2017	단행본
609	A	자활사례관리 시범사업 평가와 성과 측정 개선 방안 연구	2017	단행본
610	A	인큐베이팅 시범사업 운영현황조사 및 현장분석	2017	단행본
611	A	자활제도에 대한 질적 평가 연구	2017	단행본
612	A	지역자활센터에의 정서적 자활 프로그램 도입 방안 모색	2017	단행본
613	A	지역자활센터 유형다변화 시범사업 성과평가를 통한 지역자활센터 발전방안 연구	2017	단행본
614	A	자활사업 참여자 2차 패널준비연구 참여자 조사	2017	단행본
615	A	2016년 서울시 자활사업 현황보고서	2017	단행본
616	A	한국동북아사회적협동조합 경쟁력 강화 방안 연구	2017	단행본
617	A	자활진단과 개선방안	2017	문서류
618	A	자활읽기 20호	2017	단행본

제4장 자활지원제도의 역사자료 아카이브 구축 결과 143

번호	수집출처	제목	발행연도	자료 유형
619	A	자활읽기 21호	2017	단행본
620	A	지역자활센터 성과평가 평가위원회 결과보고서 1부	2017	문서류
621	A	2017년 광역자활센터 성과평가 계획	2017	문서류
622	A	자활기업의 특성별 발전방안 연구	2017	단행본
623	A	자활기업의 특성별 발전방안 연구(요약본)	2017	단행본
624	A	제33회 중앙자활센터 이사회	2017	문서류
625	A	제34회 중앙자활센터 이사회	2017	문서류
626	A	제35회 중앙자활센터 이사회	2017	문서류
627	A	제36회 중앙자활센터 이사회	2017	문서류
628	A	제37회 중앙자활센터 이사회	2017	문서류
629	A	제38회 중앙자활센터 이사회	2017	문서류
630	A	제39회 중앙자활센터 이사회	2017	문서류
631	B	2017년 제17차 정기총회	2017	문서류
632	B	17차 정기총회 회의록	2017	문서류
633	B	2017년 제19대 대선 자활 관련 정책공약제안서(안)	2017	문서류
634	B	한국지역자활센터협회 「대선아젠다 TFT」 2017년 제1차 회의 결과	2017	문서류
635	B	자활정진대회	2017	사진
636	C	2017년 국민기초생활보장사업 안내	2017	문서류
637	C	2017년 자활사업 안내(I)	2017	문서류

번호	수집 출처	제목	발행 연도	자료 유형
638	C	2017 주요업무 참고자료	2017	문서류
639	C	기초생활보장 자활급여 기본계획(2018-2020)	2017	문서류
640	D	근로빈곤층 취업우선지원제도 개편방안 연구	2017	단행본
641	D	자활 인프라 운영체계 개편방안 연구	2017	단행본
642	D	근로빈곤층에 대한 실업안전망 구축 방안	2017	단행본
643	D	제1차 국민기초생활보장제도 기본계획 및 종합계획 수립 연구	2017	단행본
644	D	취업성공패키지 취업역량평가 개선 연구	2017	단행본
645	A	기업연계형 자활근로사업 성과 조사연구	2018	단행본
646	A	자산형성지원사업 참여자 패널구축 기초연구	2018	단행본
647	A	자활사업 참여자 7차년도 패널구축	2018	단행본
648	A	기업연계 현장지도 및 모니터링지원사업 성과보고	2018	단행본
649	A	자산형성지원사업의 효율적 운영을 위한 재설계방안 연구	2018	단행본
650	A	지역자활센터 역량진단 및 운영개선방안 연구	2018	단행본
651	A	자활사업 실적, 양적 성과병행을 위한 성과지표 개선방안 연구	2018	단행본
652	A	자활사례관리 안내 매뉴얼	2018	단행본
653	A	자활 인프라 운영체계 개편방안 연구	2018	단행본
654	A	2018년 자활사업 통계자료집 vol.2	2018	단행본
655	A	조건부수급제도 개선방안 연구	2018	단행본
656	A	2018 사회서비스학회 토론문	2018	문서류

번호	수집출처	제목	발행연도	자료유형
657	A	2018년 제4회 자활복지 국제심포지엄	2018	문서류
658	A	자활기업 활성화를 위한 교육설계 연구	2018	단행본
659	A	자활읽기 22호	2018	단행본
660	A	자활읽기 23호	2018	단행본
661	A	한국자활복지개발원 설립 추진 실무회의 1차	2018	문서류
662	A	한국자활복지개발원 설립 추진 실무회의 2차	2018	문서류
663	A	한국자활복지개발원설립 추진 실무회의 운영계획안	2018	문서류
664	A	한국자활복지개발원 추진_관련 현장간담회_개최계획안	2018	문서류
665	A	한국자활복지개발원 추진 관련 현장 간담회 회의자료	2018	문서류
666	A	한국자활복지개발원 추진 관련 현장 간담회 결과자료	2018	문서류
667	A	2018년 광역자활센터 성과평가 계획	2018	문서류
668	A	제40회 중앙자활센터 이사회	2018	문서류
669	A	제41회 중앙자활센터 이사회	2018	문서류
670	A	제42회 중앙자활센터 이사회	2018	문서류
671	A	제43회 중앙자활센터 이사회	2018	문서류
672	A	제44회 중앙자활센터 이사회	2018	문서류
673	A	근로능력수급자 탈수급 현황 분석 및 (탈)수급자 종합관리 시스템 구축 방안 연구	2018	단행본
674	B	2018 제18차 정기총회	2018	문서류
675	B	18차 정기총회 회의록	2018	문서류

번호	수집출처	제목	발행연도	자료 유형
676	B	민관 자활사업 정책협의체 회의 자료집	2018	문서류
677	B	민관 자활사업 정책협의체 회의목	2018	문서류
678	B	한국자활기업협회 창립총회 및 창립기념식 활동사진 (3)	2018	사진
679	C	2018년 국민기초생활보장사업 안내	2018	문서류
680	C	2018년 자활사업 안내(I)	2018	문서류
681	C	2018 주요업무 참고자료	2018	문서류
682	C	자활기업 활성화 대책	2018	단행본
683	D	사회적경제 현황 및 정책 만족도 조사	2018	단행본
684	D	국민기초생활보장제도 재산기준 개선방안 연구	2018	단행본
685	A	늘어준 자활사업 활성화 방안 연구	2019	단행본
686	A	공공자원 현황분석 및 자활사업 연계활성화 방안 연구	2019	단행본
687	A	자활사업 통계자료집 III	2019	단행본
688	A	자산형성지원사업 참여자 1차년도 패널구축 연구	2019	단행본
689	A	광역자활센터 건설팀 효과성 분석 및 개선방안 연구	2019	단행본
690	A	거리노숙인 특화 자활사업 2019년 사업 보고 및 정책 제안서	2019	단행본
691	A	안정적 자활일자리 확보를 위한 요양시설 설립 타당성 조사 및 모형 개발 연구	2019	단행본
692	A	한국형 실업부조, 국민취업지원제도 정책분석	2019	단행본
693	A	지역자활센터의 사회적 가치 창출과 자활사업의 발전방향 토론	2019	문서류
694	A	공공정책연계 자활사업 확대방안 모색	2019	문서류

제4장 자활지원제도의 역사자료 아카이브 구축 결과 147

번호	수집출처	제목	발행연도	자료유형
695	A	자활지원체계와 건강한 지역공동체 발표 토론문	2019	문서류
696	A	광역자활센터 간 건설팅 표준화사업 성과발표회 및 효과성 측정 토론회	2019	문서류
697	A	제2차 자활정책포럼 결과보고(한국자활복지개발원, 조직의 미션과 비전은 무엇인가?)	2019	문서류
698	A	제1차 자활정책포럼 발제문(자활사업 20년 성과와 한계 그리고 나아갈 길)	2019	문서류
699	A	제1차 자활정책포럼 결과보고(자활사업 20년 성과와 한계 그리고 나아갈 길)	2019	문서류
700	A	광역자활센터 공동운영 매뉴얼 연구	2019	단행본
701	A	한국자활복지개발원 중장기 발전방안 수립	2019	단행본
702	A	자활사업 참여자의 가계 재무건전성 분석 및 지원체계 개발 연구	2019	단행본
703	A	자활읽기 24호	2019	단행본
704	A	자활읽기 25호	2019	단행본
705	A	자활 성공수기 17번째 오늘보다 내일이 행복한 자활	2019	단행본
706	A	한국자활복지개발원 설립취지문	2019	문서류
707	A	2019년-2020년 광역자활센터 성과평가 계획	2019	문서류
708	A	제45회 중앙자활센터 이사회	2019	문서류
709	A	제46회 중앙자활센터 이사회	2019	문서류
710	A	제47회 중앙자활센터 이사회	2019	문서류
711	A	제48회 중앙자활센터 이사회	2019	문서류
712	A	제49회 중앙자활센터 이사회	2019	문서류
713	A	한국자활복지개발원 설립기념식 결과보고	2019	문서류

번호	수집출처	제목	발행연도	자료 유형
714	B	광주광역시 자활사업 활성화 방안 모색	2019	문서류
715	B	사회복지 정책대회 활동사진 (1)	2019	사진
716	B	사회복지 정책대회 활동사진 (2)	2019	사진
717	B	출범선언문 - 사회복지 국가 책임제 실현을 위한 사회복지단체 연대	2019	문서류
718	C	2019년 국민기초생활보장사업안내	2019	문서류
719	C	2019년 자활사업 안내(I)	2019	문서류
720	C	2019 주요업무 참고자료	2019	문서류
721	C	자활 사업 활성화 세부계획	2019	문서류
722	D	안정적 자활일자리 확보를 위한 요양시설 설립 타당성 조사 및 모형 개발 연구	2019	단행본
723	D	자산형성지원제도 환수해지 원인 분석 및 제도개선 방안 연구	2019	단행본
724	D	자활사업의 정책효과 분석 및 평가 방안 연구	2019	단행본
725	D	한국 사회보장제도의 역사적 변화 과정과 미래 발전 방향	2019	단행본
726	D	자활기금 활용도 제고 방안 연구	2019	단행본
727	D	빈곤해소를 위한 소득보장 강화 방안 연구	2019	단행본
728	D	사회복지 종사자 적무보수를 통한 인건비 가이드라인 개선방안 연구	2019	단행본
729	A	제11회 한국자활복지개발원 이사회	2020	문서류
730	A	자산형성지원사업 참여자 2차년도 패널구축 연구	2020	단행본
731	A	자활사업 참여자 건강증진 제고 방안 연구	2020	단행본
732	A	자활사업의 사회적가치 평가 연구	2020	단행본

번호	수집출처	제목	발행연도	자료유형
733	A	자활기업 창업자금 지원을 위한 현황조사 -결과보고서-	2020	단행본
734	A	지역자활센터 사회적협동조합 전환 표준모델 방안 연구	2020	단행본
735	A	광역자활센터 기능과 역할 활대방안 모색	2020	단행본
736	A	2020 제3차 자활정책포럼 토론문(지역자활센터 자활사례관리 현황과 제안)	2020	문서류
737	A	2020 제3차 자활정책포럼 결과보고(지역자활센터 자활사례관리 현황과 제안)	2020	문서류
738	A	자활사업 제도화 20주년 및 자산형성지원사업 10주년 기념행사 자료집	2020	단행본
739	A	자활사업 참여자의 재무역량강화와 자산형성지원사업 자산형성사업 효과성 제고를 위한 교육과정 및 실천도구 개발	2020	단행본
740	A	자활사업 참여자 교육현황 및 교육체계 구축 연구	2020	단행본
741	A	자활읽기 26호	2020	단행본
742	A	자활 성공수기 18번째 한걸음씩 더 나아가는 나의 꿈	2020	단행본
743	A	2020 한국자활복지개발원 연차보고서	2020	단행본
744	A	korea development institute fot self-sufficiency and welfare annual report 2020	2020	단행본
745	B	한국지역자활센터협회 「제료10년 특별위원회」 2020년도 1차 회의 결과보고	2020	문서류
746	B	지역자활센터 운영현황 및 종사자 실태 조사	2020	단행본
747	B	코로나19 모니터링 결과	2020	문서류
748	C	2020년 국민기초생활보장사업 안내	2020	문서류
749	C	2020년 자활사업 안내(I)	2020	문서류
750	C	2020 주요업무 참고자료	2020	문서류

번호	수집 출처	제목	발행 연도	자료 유형
751	C	기초생활보장 자활급여 기본계획(2021-2023)	2020	문서류
752	C	제2차 기초생활보장 종합계획(2021-2023) (안)	2020	문서류
753	D	코로나19로 인한 소득분배 동향과 정책대응 방안 연구	2020	단행본
754	D	기초생활보장 재산기준 지역구분 개편방안 연구	2020	단행본
755	D	사회보장 행정데이터의 효과적 활용 및 발전 방안 연구	2020	단행본
756	D	제2차 국민기초생활보장제도 기본계획 및 종합계획 수립 연구	2020	단행본
757	D	주요 소득보장제도 효과 평가 연구	2020	단행본
758	C	국민기초생활보장제도 20년사	2020	단행본
759	A	청년자립도전사업단 정책효과성 및 발전방안 연구	2021	단행본
760	A	자활사업의 변화와 발전방안	2021	단행본
761	A	자활근로, 내일키움일자리 등 저소득층 공공일자리 확대 방향성 연구	2021	단행본
762	A	내일 키움 일자리 사업 만족도 조사 결과보고서	2021	단행본
763	A	내일키움일자리 사업 실적보고서	2021	단행본
764	A	2021년 자활 종사자 역량진단 및 교육체계 수립 연구	2021	단행본
765	A	한국자활연수원 교육성과 측정모델 수립연구 결과보고서	2021	단행본
766	A	2021 제3회 사회적경제박람회 토론회 자료집(자활기업 사회적가치지표 연구포럼)	2021	문서류
767	A	2021 제1차 자활정책포럼 결과보고(코로나19 이후 자활사업 변화와 확대방안)	2021	문서류
768	A	2021 제1차 자활정책포럼 발제문(코로나19 이후 자활사업 변화와 확대방안)	2021	문서류
769	A	2021 제2차 자활정책포럼 결과보고(저소득층 공공일자리 확대방안)	2021	문서류

번호	수집출처	제목	발행연도	자료유형
770	A	2021 제3차 자활정책포럼 결과보고 (더 나은 일자리와 소득, 삶으로의 진입을 위한 자활사업 경로 찾기)	2021	문서류
771	A	2021 제4차 자활정책포럼 결과보고(청년 빈곤층 유입과 자활사업)	2021	문서류
772	A	2021년 자활정책 포럼 및 정책 브리프 결과보고	2021	문서류
773	A	근로미약자를 위한 자활사례관리 발전방안 연구	2021	단행본
774	A	거리노숙인 특화 자활사업 성과지표 개발 연구	2021	단행본
775	A	노숙인 종사자 직무역량모델 & 교육체계 수립	2021	문서류
776	A	2021년 한국자활연수원 현장적용도 평가	2021	문서류
777	A	자산형성지원사업 참여자 3차년도 패널 구축 연구	2021	단행본
778	A	자활 성공수기 19번째 한걸음씩 더 나아가는 나의 꿈	2021	단행본
779	A	2021 한국자활복지개발원 연차보고서	2021	단행본
780	A	제주광역자활센터 신규지정 통지	2021	문서류
781	A	2019~2020년 유형다변화 지역자활센터 성과평가 계획	2021	문서류
782	A	2021~22년 지역자활센터 성과평가 실시(안)	2021	문서류
783	A	2021~2022년 유형다변화 지역자활센터 성과평가 계획(안)	2021	문서류
784	A	2021~2022년 성과평가 주요 변경사항 및 코로나19 완화 조치 안내	2021	문서류
785	A	제19회 한국자활복지개발원 이사회	2021	문서류
786	A	제20회 한국자활복지개발원 이사회	2021	문서류
787	A	자활정책브리프 1차 포럼 발제 코로나19로 인한 영향 및 사회정책 대응 방안	2021	문서류

번호	수집출처	제목	발행연도	자료유형
788	A	자활정책브리프 1차 포럼 발제2 자활정보시스템으로 본 코로나19 이후 참여자 특성과 향후 정책방안	2021	문서류
789	A	자활정책브리프 1차 포럼 발제1 코로나19 이후 자활현장의 변화	2021	문서류
790	A	자활정책브리프 2차 포럼 발제1 저소득층 자활사업 대상자 특성 및 일 경험	2021	문서류
791	A	자활정책브리프 2차 포럼 발제2 저소득층 공공일자리 분석과 새로운 대상을 위한 공공일자리 대안	2021	문서류
792	A	자활정책브리프 2차 포럼 발제3 현장에 신규 유입되는 자활 대상자들을 위한 일자리 사업 사례	2021	문서류
793	A	자활정책브리프 3차 포럼 발제1 자활사업의 성과와 제도적 기능	2021	문서류
794	A	자활정책브리프 3차 포럼 발제2 자활사업의 변화와 쟁점	2021	문서류
795	A	자활정책브리프 3차 포럼 토론1 자활기업 육성과제와 자활정책 효과	2021	문서류
796	A	자활정책브리프 3차 포럼 토론2 새로운 환경 변화 속에서 자활사업의 방향	2021	문서류
797	A	자활정책브리프 3차 포럼 토론3 자활사업의 과제와 전망에 대한 소고	2021	문서류
798	A	자활정책브리프 3차 포럼 토론4 복지가 사회적경제 영역과 만날 때	2021	문서류
799	A	자활정책브리프 3차 포럼 토론5 코로나와 함께 하는 시대, 자활사업의 방향 전환	2021	문서류
800	A	자활정책브리프 3차 포럼 토론6 위드 코로나시대, 광역자활사업의 패러다임의 전환	2021	문서류
801	A	자활정책브리프 3차 포럼 토론7 위드 코로나시대, 자활사업의 패러다임 전환	2021	문서류
802	A	자활정책브리프 3차 포럼 토론8 자활사업 진로찾기	2021	문서류
803	B	한국지역자활센터협회 「자활사업 비전 2030」	2021	문서류
804	B	한국협회 창립25주년 기념식 활동사진 (1)	2021	사진
805	B	한국협회 창립25주년 기념식 활동사진 (2)	2021	사진

제4장 자활지원제도의 역사자료 아카이브 구축 결과

번호	수집출처	제목	발행연도	자료 유형
806	B	한국협회 창립25주년 기념식 활동사진 (3)	2021	사진
807	C	2021년 국민기초생활보장사업 안내	2021	문서류
808	C	2021년 자활사업 안내(I)	2021	문서류
809	C	2021 주요업무 참고자료	2021	문서류
810	D	사회안전망 강화 정책과제 발굴 연구	2021	단행본
811	D	국민기초생활보장제도 접근성 강화 방안 연구	2021	단행본
812	D	근로능력자 자활 및 자활사업의 현황과 과제	2021	정기간행물(논문)
813	D	사회적경제 전달 및 지원체계 성과향상 방안	2021	단행본
814	D	지역자활센터 종사자 직무분석 및 인력운용 개선방향 연구	2021	단행본
815	A	청년 자산형성지원사업 해지자 실태조사 연구	2022	단행본
816	A	저소득 중장년 1인 가구 자활사업 모델 개발	2022	단행본
817	A	2022년 자활사업 참여자 실태조사	2022	단행본
818	A	2022 자활정책 BRIEF	2022	단행본
819	A	희망저축계좌 I, II 참여자 패널구축 연구(1차)	2022	단행본
820	A	국민취업지원제도 시행에 따른 자활사업 추진방안 연구	2022	단행본
821	A	2022년 한국자활연수원 협업적용도 평가	2022	단행본
822	A	2022 제4회 사회적경제박람회 토론회 자료집(자활기업 어떻게 활성화할 것인가?)	2022	문서류
823	A	2022 한국사회보장학회 추계학술대회 자료집(한수 사회보장 거버넌스의 현재와 미래)	2022	문서류
824	A	2022 제1차 자활정책포럼 결과보고서(자활사업-국민취업지원제도 연계방안)	2022	문서류

번호	수집출처	제목	발행연도	자료유형
825	A	2022 제2차 자활정책포럼 결과보고(사회서비스 영역에서의 자활사업의 확장 가능성)	2022	문서류
826	A	2022 제3차 자활정책포럼 결과보고(자활사업 참여자 맞춤형 자활 지원방안 모색)	2022	문서류
827	A	2022 제4차 자활정책포럼 결과보고(자활사업 참여자들에 대한 다차원적 접근: 2022년 자활사업 참여자 실태조사 결과)	2022	문서류
828	A	2022년 자활종사자 직무역향 진단 결과보고서	2022	단행본
829	A	자산형성지원사업 참여자 복지서비스 이용실태 및 욕구조사	2022	단행본
830	A	자활 성공수기 20번째 어제보다 나은 내일을 만들어가는 오늘	2022	단행본
831	A	2022 한국자활복지개발원 연차보고서	2022	문서류
832	A	2022년 광역자활센터 성과평가 계획	2022	문서류
833	A	제14회 한국자활복지개발원 이사회	2022	문서류
834	A	제21회 한국자활복지개발원 이사회	2022	문서류
835	A	제22회 한국자활복지개발원 이사회	2022	문서류
836	A	제23회 한국자활복지개발원 이사회	2022	문서류
837	A	제24회 한국자활복지개발원 이사회	2022	문서류
838	A	제25회 한국자활복지개발원 이사회	2022	문서류
839	A	제26회 한국자활복지개발원 이사회	2022	문서류
840	A	제27회 한국자활복지개발원 이사회	2022	문서류
841	A	자활정책브리프 4차 포럼 발제1 빈곤청년의 자활사업 참여 경험	2022	문서류
842	A	자활정책브리프 4차 포럼 발제2 청년자립도전사업단 정책 현황	2022	문서류

번호	수집 출처	제목	발행 연도	자료 유형
843	A	자활정책브리프 4차 포럼 발제3 청년자립도전사업단 참여자 특성 및 효과성	2022	문서류
844	A	자활정책브리프 실업부조 도입의 필요성 및 도입방안	2022	문서류
845	A	자활정책브리프 국민취업지원제도 참여자 특성과 만족도	2022	문서류
846	A	자활정책브리프 사회서비스 영역과 자활사업 연계 방안 모색	2022	문서류
847	A	자활정책브리프 자활사업 참여자 맞춤형 자활지원 방안 모색	2022	문서류
848	A	청년내일저축계좌 참여자 1차년도 패널구축 연구	2022	단행본
849	C	2022년 국민기초생활보장사업안내	2022	문서류
850	C	2022년 자활사업 안내(I)	2022	문서류
851	D	국민기초생활보장제도 재산기준 중장기 개편 방안 연구	2022	단행본
852	D	기초생활보장제도 청년 보장기준 개선방안 연구	2022	단행본
853	A	2023 자활사업 성공·공론 수기 시상식 및 제2회 자활정책포럼	2023	문서류
854	A	2023 찾아가는 수도권지역 자활정책포럼 자료집 사람중심 자활중심 실천방법론	2023	문서류
855	A	2023 찾아가는 강원지역 자활정책포럼 자료집 SDGs, ESG 기반 자활사업 활성화 방안 모색	2023	문서류
856	A	2023 찾아가는 광주·전라지역 자활정책포럼 자료집 농어촌지역 자활사업 활성화 방안	2023	문서류
857	A	2023 찾아가는 경상지역 자활정책포럼 자료집 사회서비스 확장에 따른 자활센터의 역할과 대응 방안	2023	문서류
858	A	2023 찾아가는 대전·충청지역 자활정책포럼 자료집 현장중심 자활사업 활성화를 위한 자활기금의 효과적인 활용 방안	2023	문서류
859	A	2023 찾아가는 제주지역자활정책포럼 자료집 제주 자원순환 영역에서의 자활사업 활성화 방안	2023	문서류

번호	수집출처	제목	발행연도	자료유형
860	A	거리노숙인 특화 자활사업 발전 방안 연구	2023	단행본
861	A	2023 자활사업 참여자 실태조사	2023	단행본
862	A	자산형성지원사업 참여자 재무역량 강화방안 연구	2023	단행본
863	A	자활기업 및 종사자 실태조사	2023	단행본
864	A	현장적용형 자활역량평가표 개발연구	2023	단행본
865	A	자활사업 재참여 실태와 지원방안 연구	2023	단행본
866	A	희망저축계좌 I, II 참여자 매칭구축 연구(2차)	2023	단행본
867	A	ESG 자원과 자활 일자리 연계방안	2023	단행본
868	A	2023 자활사업 통계연보	2023	단행본
869	A	자활역량평가지표 적정성 검토 및 개편(안) 마련 연구	2023	단행본
870	A	2023년 자활사례관리 우수사례 공모 선정사례집	2023	단행본
871	A	자활사례관리 성과 심층 분석 연구	2023	단행본
872	A	거리노숙인 특화 자활사업 발전방안 모색 토론회 개최 결과보고	2023	문서류
873	A	2023 제1차 자활정책포럼 결과보고서(자활사업 활성화를 위한 제언과 종사자 처우개선의 방향)	2023	문서류
874	A	2023 제2차 자활정책포럼 결과보고서(자활사업의 심층적 실태 분석과 정책적 대응 방안)	2023	문서류
875	A	2023 사회복지 공동학술대회 자료집	2023	문서류
876	A	정서적 자활 프로그램 효과성 및 개선방안	2023	단행본
877	A	자산형성지원사업 성과지표 개발을 위한 인지도 및 만족도 조사	2023	단행본
878	A	2023 찾아가는 지역자활정책포럼 결과보고	2023	문서류

제4장 자활지원제도의 역사자료 아카이브 구축 결과 157

번호	수집 출처	제목	발행 연도	자료 유형
879	A	자활 성공수기 21번째 기릴 기회로, 절망을 희망으로	2023	단행본
880	A	2023 한국자활복지개발원 연차보고서	2023	단행본
881	A	지역자활 특화사업 사례집	2023	단행본
882	A	2023년 자활사례관리 안내 매뉴얼	2023	단행본
883	A	자활정책브리프 vol.5 자활사업 참여자들에 대한 다차원적 접근	2023	문서류
884	A	자활정책브리프 vol.6 자활사업 활성화를 위한 제언과 종사자 처우개선의 방향	2023	문서류
885	A	자활정책브리프 vol.7 자활사업의 새로운 전략과 확장 가능성	2023	문서류
886	A	자활정책브리프 vol.8 자활사업의 심층적 실태 분석과 정책적 대응 방안	2023	문서류
887	A	2024년 광역자활센터 성과평가 계획(최종안)	2023	문서류
888	A	2023~2024년 지역자활센터 성과평가 실시(안)_최종	2023	문서류
889	A	2023~2024년 지역자활센터 성과평가 변경사항 안내	2023	문서류
890	A	2023~24년 유형다변화 지역자활센터 성과평가 계획(안)	2023	문서류
891	A	제28회 한국자활복지개발원 이사회	2023	문서류
892	A	제29회 한국자활복지개발원 이사회	2023	문서류
893	A	제30회 한국자활복지개발원 이사회	2023	문서류
894	A	제31회 한국자활복지개발원 이사회	2023	문서류
895	A	제32회 한국자활복지개발원 이사회	2023	문서류
896	A	제33회 한국자활복지개발원 이사회	2023	문서류
897	A	2023년 1분기 자활사업 현황통계 보고서	2023	문서류

번호	수집출처	제목	발행연도	자료 유형
898	A	2023년 2분기 자활사업 현황통계 보고서	2023	문서류
899	A	2023년 3분기 자활사업 현황통계 보고서	2023	문서류
900	A	2023년 4분기 자활사업 현황통계 보고서	2023	문서류
901	A	청년내일저축계좌 참여자 2차년도 패널구축 연구	2023	단행본
902	C	2023년 국민기초생활보장사업 안내	2023	문서류
903	C	2023 자활사업 안내	2023	문서류
904	D	제3차 기초생활보장 자활급여 기본계획(2024-2026) 수립 연구	2023	단행본
905	D	2021~2023년 기초생활보장 실태조사 및 평가 연구	2023	단행본
906	D	기초생활보장제도 근로·사업소득 공제 효과성 연구	2023	단행본
907	D	제3차 국민기초생활보장제도 기본계획 및 종합계획 연구	2023	단행본
908	D	청년내일저축계좌 참여자 2차년도 패널구축 연구	2023	단행본
909	A	2024 행정하회 춘계학술대회 한국자활복지개발원 자료집	2024	문서류
910	A	2024 행정하회 춘계학술대회 한국자활복지개발원 결과보고	2024	문서류
911	A	2024 한일자활사업 네트워크 교류 수집자료	2024	문서류
912	A	2023 찾아가는 대전·세종·충청지역 자활정책포럼 자료집 지속가능한 자활기업 육성을 위한 정책제안	2024	문서류
913	A	2024 찾아가는 제주강원지역 자활정책포럼 자료집 지역자활지원조례의 적용실태와 개선방향	2024	문서류
914	A	제34회 한국자활복지개발원 이사회	2024	문서류
915	A	제35회 한국자활복지개발원 이사회	2024	문서류

제4장 자활지원제도의 역사자료 아카이브 구축 결과

번호	수집 출처	제목	발행 연도	자료 유형
916	A	2024년 1분기 자활사업 현황통계 보고서	2024	문서류
917	A	2024년 2분기 자활사업 현황통계 보고서	2024	문서류
918	C	2024년 국민기초생활보장사업안내	2024	문서류
919	D	미국, 호주, 영국의 자활역량평가제도 비교	2024	정기간행물(논문)
920	B	광역사업지원단 자업계획서	연도 미상	문서류
921	B	확인 불가	연도 미상	문서류
922	B	광역자활지원센터 예산안	연도 미상	문서류
923	B	확인 불가	연도 미상	문서류
924	B	확인 불가	연도 미상	문서류
925	B	은평, 성북, 마포자활 동지들!	연도 미상	사진
926	B	한국자활후견기관협회 서울지부 인센티브지부 서면결의	연도 미상	문서류
927	B	(사)한국가사간병협회 추진을 위한 기초모임	연도 미상	문서류
928	B	자활간병사업의 발전경로 모색을 위한 기초자료	연도 미상	문서류
929	B	양극화민생안본부와 사회서비스 간담회	연도 미상	문서류
930	B	확인 불가	연도 미상	문서류
931	B	자활지원체계 확립	연도 미상	문서류
932	B	중앙자활센터 사업에 대한 의견	연도 미상	문서류
933	B	2000년 자활후견기관 현지 심사표 (면담결과)	연도 미상	문서류
934	B	관악자활센터 제가서비스	연도 미상	사진

번호	수집 출처	제목	발행 연도	자료 유형
935	B	관악자활센터 주방청소	연도 미상	사진
936	B	생산공동체 관련 논문과 서적	연도 미상	사진
937	B	관악자활 자활공동체 CNH종합건설 시공 장면(영광빌딩)_1	연도 미상	사진
938	B	관악자활 자활공동체 CNH종합건설 시공 장면(영광빌딩)_2	연도 미상	사진
939	B	관악구 연대행사_관악구 자활사업 평가대회	연도 미상	사진
940	B	관악자활 실무자	연도 미상	사진
941	B	기초법 개정(개악) 반대 시위 1	연도 미상	사진
942	B	기초법 개정(개악) 반대 시위 2	연도 미상	사진
943	B	기초법 개정 반대 시위 3	연도 미상	사진
944	B	기초법개정반대시위 관련 회의	연도 미상	사진
945	B	전국대회	연도 미상	사진
946	B	지역사회에 호소	연도 미상	사진
947	B	체육대회	연도 미상	사진
948	B	나래건설 시초가 된 봉천동 나눔의 집 화재 후 재건 현장	연도 미상	사진
949	B	나래건설_송경용 신부	연도 미상	사진
950	B	실과바늘_김홍일 신부	연도 미상	사진
951	B	일꾼두레_허병섭 목사 부부	연도 미상	사진
952	B	협동조합 나래건설 1	연도 미상	사진
953	B	협동조합 나래건설 2(송경용 신부와 허병섭 목사)	연도 미상	사진

번호	수집출처	제목	발행연도	자료유형
954	B	한국사회 자활운동의 역사와 과제	연도 미상	문서류
955	B	자활사업과 관련한 기초법 개정 및 활용 방향에 대한 운동적 과제	연도 미상	문서류
956	B	자활사업의 문제점과 활성화 방안	연도 미상	문서류
957	B	노원지역 생산공동체 운동 사례	연도 미상	문서류
958	B	노원지역 사회적 경제운동 사례	연도 미상	문서류
959	B	달동네에서 시작된 생산공동체 운동에서 제도화까지	연도 미상	문서류
960	B	사회적 경제의 심장을 생각한다	연도 미상	문서류
961	B	서울북부지역 도시빈민지역운동의 현황과 과제	연도 미상	문서류
962	B	서울북부지역 도시빈민지역운동의 현황과 과제	연도 미상	문서류
963	B	자활과 사회적기업	연도 미상	문서류
964	B	한국사회 자활사업 전역사	연도 미상	문서류
965	D	최종보고서 1218	연도 미상	문서류
966	D	연구 결과물 평가 결과서	연도 미상	문서류

자료: 보건사회연구원(2024) 자활지원제도 아카이브
주: 수집 출처에 표기된 알파벳 A-D는 A: 한국자활복지개발원, B: 한국지역자활센터협회/민간 기증, C: 정부 외 공공기관, D: 학습자료

제5장

자활지원제도 아카이브의 활용 방안과 향후 과제

제1절 자활지원제도 아카이브 활용 방안
제2절 향후 과제

제 **5** 장 자활지원제도 아카이브의
활용 방안과 향후 과제

제1절 자활지원제도 아카이브 활용 방안

자활지원제도 아카이브는 누구에게 어떤 목적으로 활용할 수 있도록 할 것인가를 염두에 두어야 한다. 아카이브 사용자와 활용 목적에 따라 아카이브의 구축 방향이 결정되기 때문이다. 일반인을 대상으로 하고, 자활지원제도의 역사에 대한 홍보 및 교육을 위한 목적으로 아카이브를 구축하는 것이라면, 자료의 종류나 보이는 방식 등이 정책연구자를 대상으로 구축하는 방식과는 달라야 한다. 정책이나 제도에 대한 용어 또한 일반인이 이해하기 쉽도록 해야 하며, 내용 또한 제도나 정책에 대한 전문지식이 없어도 이해하기 쉽게 구성하는 것이 이용자가 자료를 이해하고 활용하는 데 도움이 될 수 있다.

이 연구에서는 자활지원제도 아카이브의 사용자로 일반 대중보다는 정책연구자, 정부 당국자, 시민단체, 활동가를 우선적으로 염두에 두었다. 일반 대중의 이용을 제한하는 것은 아니지만, 구축한 자료나 자료의 제공 방식이 기존의 학술자료 이용 경험이 있는 대상에게 익숙한 방식으로 설계되었다. 아카이브에 구축한 자료는 공공문서나 학술적 자료, 민간 활동가의 기록에 초점이 맞춰져 있고, 구축 방식은 기존의 학술정보 자료 검색 및 제공 방식과 유사하게 설계했기 때문이다. 자활지원제도 아카이브의 활용 목적은 이용자마다 다를 수 있다. 정책연구자는 자활지원제도의 변화 및 변화에 따른 영향을 평가하는 데 아카이브상의 자료를 활용할 것이며, 학생의 경우에는 자활지원제도가 형성된 배경과 역사적 맥락 등을 이해하는 자료로 활용할 수 있을 것이다. 그러나 엄밀히 말하면 아카이브의 활용 목적은 집단별로 구분된다기보다는 이용자의 사용 목적에 따라 달라진다. 정책연구자 또한 과거의 제도 형성과 변화와 관련된 맥락을 이해하는 데 활용할 수 있을 것이며, 학생 또한 자활지원제도에 대한 영향평가 등을 위해 활용할 수 있기 때문이다. 따라서 여기서는 다음과 같이 사용 목적별로 아카이브를 활용할 수 있을 것이다.

첫째, 자활지원제도 아카이브는 정책을 평가하고 제도를 개선하기 위해 과거의 역사를 평가하고 현재 상황에 대한 진단을 통해 자활지원제도의 개선이나 새로운 제도를 제안하는 데 필요한 자료를 제공할 수 있다. 과거의 역사를 평가하기 위해 필요한 자료를 수집하는 데는 많은 시간과 노력이 필요하다. 자활지원제도 아카이브는 그러한 시간과 노력을 단축하여 효율적으로 자료를 활용할 수 있도록 돕는다.

둘째, 아카이브에 구축된 자료를 활용하여 지금까지 시도되지 않은 연구를 시도할 수 있을 것이다. 예를 들면 우리나라의 근로빈곤층에 대한 접근 방식의 변화 또는 변하지 않고 지속적으로 유지되는 특성과 가치에 대한 연구가 가능할 것이다. 이는 다른 나라 사례와 유사한 특성과 차별점을 발견하는 데도 유용할 것이며, 이를 통해 우리나라 특성에 맞는 근로빈곤층 대상의 정책 설계에 대한 새로운 시사점을 제공할 수 있을 것이다. 이 외에도 자활지원제도가 갖는 정책적 가치가 무엇인지에 대한 심층적인 연구나, 정책에 관여한 주요 주체의 역할과 역동성과 변화를 분석할 때, 자활지원제도의 성과나 영향평가 등 다양한 정책연구에도 활용될 수 있을 것이다.

자활지원제도 아카이브는 정책을 입안하고 실행하는 당국자 또한 정책 개발에 필요한 자료로 활용할 수 있을 것이다. 과거부터 현재까지의 정책에 대한 평가자료를 통해 자활지원 정책이 당시의 사회적 문제를 어떤 방향으로 해결하고자 했으며, 성공한 사례로서 또는 실패한 사례로서의 시사점을 줄 수 있어, 이를 바탕으로 현재의 제도를 개선하는 데 필요한 자료로 활용할 수 있을 것이다. 이뿐만 아니라, 정책 형성과 변화 과정에서 활동했던 행위자들의 기여도를 평가할 수 있는 자료를 제공함으로써, 정책의 책임성을 평가할 수 있는 자료로도 활용 가능할 것이다.

자활지원제도 아카이브는 구축하는 것도 중요하지만, 무엇보다 이용자의 접근성을 높이는 방안을 고려하여야 한다. 이용자의 이용 목적에 따라 정책의 주제별로, 행위자들의 기록 유형별로 공공에서 생산한 자료인지 민간과 학계의 자료인지에 대해서 파악할 수 있도록 신속하게 검색할 수 있는 기능을 제공해야 한다. 이 연구를 통해 구축된 자활지원제도 아카이브는 이용자가 이용 목적에 맞게 해당 자료의 내용을 파악할 수 있는 '요약'을 구성하고, 주제별, 연도별, 자료 유형별 및 제공 주체별 등 주제어 검색을 통해 신속하게 원하는 자료를 검색할 수 있도록 구축했다. 자활지원제도 아카이브에 쉽게 접근할 수 있도록 하기 위해 웹 기반으로 접근할 수 있도록 하고 누구에게나 공개하는 오픈 엑세스(open access) 정책을 지향하고자 한다. 이를 위해 한국보건사회연구원의 전자도서관 홈페이지에서 아카이브에 접근할 수 있도록 하였다.

[그림 4-1] 자활지원제도 아카이브[25]

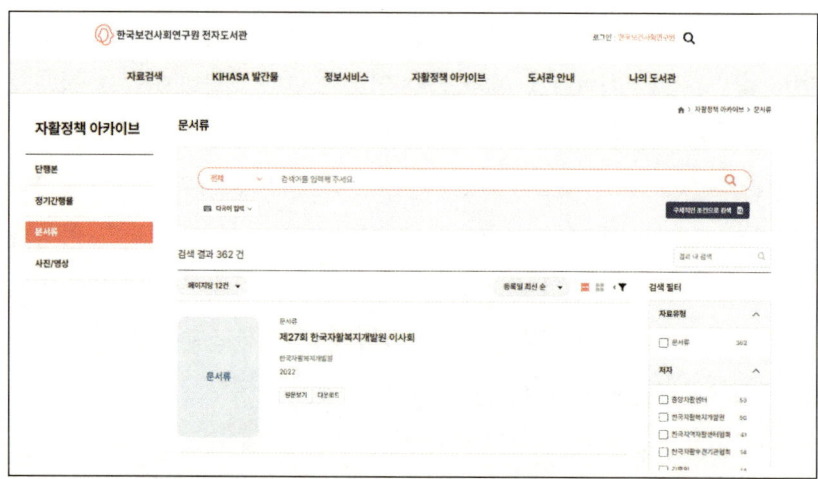

출처: 한국보건사회연구원. (2024). 자활지원제도 아카이브(예정).
https://www.kihasa.re.kr/library/main.do?action=main. 2024.10.1. 인출

　자활지원제도 아카이브는 구축 이후 지속적인 관리 또한 중요하다. 아카이브에 구축된 자료가 자활지원제도와 관련된 모든 기록을 수집한 것은 아니기 때문에 완결성이 있다고 보기 어렵다. 지속적인 자료의 수집 및 보완이 필요한 이유이다. 매해 정기적으로 관련 자료를 수집하기 위해서는 관련 인력과 예산 배치가 필요하지만, 자활지원제도 아카이브 하나만을 위한 인력과 예산 배치 또한 현실적으로 용이하지 않다. 따라서 지속적으로 자료 수집을 하되, 주기를 5년 또는 10년 단위로 보완하는 것이 현실적일 수 있다. 이 외에도 구축된 아카이브가 지속 가능하려면 아카이브의 확장 가능성이 고려될 필요가 있다. 현재는 자활지원제도로 시작하지만, 향후에는 사회정책의 여러 영역으로 확장하여 사회정책 통합 아카이브를 구축하는 것을 고려해 볼 필요가 있다.

---

[25] 아카이브는 2025년 3월 말에 구축이 완료될 예정이다.

제2절 향후 과제

아카이브는 다양한 기록을 포괄할 수 있어야 한다. 그러나 이 연구를 통해 구축한 자활지원제도 아카이브는 다음과 같은 자료들은 포괄하지 못한 한계가 있다. 첫째, 1996년, 자활지원센터 시범사업이 논의되는 과정에서 주요 행위자로 참여한 고용노동부와 기재부, 국회 및 시민단체의 활동과 노력을 평가할 수 있는 자료를 수집하지 못한 한계가 있다. 둘째, 자활사업에 참여한 참여주민의 삶에 대한 기록을 적극적으로 수집하지 못한 한계가 있다. 일부 연구를 통해 참여자의 삶에 대해 파악할 수 있지만, 그들을 대상으로 인터뷰하는 등의 구술 자료는 확보하지 못했다. 셋째, 중앙정부의 자활지원사업을 중심으로 자료를 수집했기 때문에 지역의 활동을 파악할 수 있는 자료를 확보하지 못했다. 넷째, 자활지원제도와 관련한 자료의 역사적 의미는 연구자마다 다를 수 있으며, 연구에서 수집한 자료 외에도 의미 있는 자료들이 있을 수 있다. 예를 들어 행위자들의 비공식적인 회의나 기록들, 사진 또한 역사적으로 의미 있는 자료가 될 수 있지만, 한 번의 자료 수집으로 모든 의미 있는 자료를 아카이빙하기는 현실적으로 어렵다. 이는 후속 연구에서 지속적으로 노력해야 하는 과제일 것이다.

자활지원제도 아카이브는 개방적 접근(Open Access)을 지향하지만, 이를 위해 자료 제공 및 기증자의 자료별 정보공개 여부와 저작권과 관련된 이슈가 존재하는 경우가 있다. 따라서 아카이브상 자료 목록에는 포함되지만 공개 여부와 관련한 문제를 해결하지 못한 목록도 있다. 해당 목록은 메타데이터의 권리(Rights) 항목에 기재하여 어떠한 자료에 관련 이슈가 있는지 정보를 제공하지만, 이 점은 이용 가능성을 위해 해결해야 하는 과제로 남아 있다.

이용자의 활용도를 높이기 위해 홍보 방안 또한 고민해야 할 것이다. 아카이브의 유용성은 결국에는 이용자가 많아질수록 증가하는 것이기 때문이다. 활용도를 높일 수 있는 홍보 방안 중 하나는 30년간의 자활지원 정책을 정리하고 평가하여 2025년에 30주년 기념행사를 통해 그 결과를 발표하고 홍보하는 것을 고려해 볼 수 있다.

참고문헌

강만길. (1999). **20세기 우리 역사: 강만길 교수의 현대사 강의**. 창작과 비평사.

국가기록원. (2024). https://www.archives.go.kr/english/technology/rms.jsp. 2024. 09.25 인출

국립중앙도서관. (2024a). 더블린코어. https://librarian.nl.go.kr/LI/contents/L10202000000.do. 2024.09.30. 인출

국립중앙도서관. (2024b). https://www.nl.go.kr/NL/contents/N20103000000.do. 2024.10.1. 인출

국민복지기획단. (1995). **삶의 질 세계화를 위한 국민복지기본구상**. 국민복지기획단 발표자료.

권순원. (1993). 빈곤운동의 재조명: 협동조합을 통한 탈빈곤운동의 활성화를 중심으로. **한국개발연구**, 15(2).

김광영, 곽승진. (2010). 디지털 자원의 아카이빙 우선순위 결정 방법에 관한 연구. **한국비블리아학회지**, 21(4), 2010, 123-131.

김기돈. (1994). **공동체 탐구**, 생산공동체 연구모임 제2회 세미나(1994.4.9)

김기돈. (1995). 한국사회에서 생산협동조합이 가지는 의미, **도시와 빈곤**, 18, 29-38.

김기원. (2000). **공공부조론**. 학지사.

김성오. (1994). 일하는 사람들의 기업, 내가 하고 싶은 사회운동, 내가 살고 싶은 세상. **또 하나의 문화**. 200-206.

김성오. (2010). **자활사업 15년, 협회창립 10주년 기념백서**. 한국지역자활센터협회.

김성오, 김규태. (1992). **일하는 사람들의 기업**. 나라사랑.

김수영. (2006). **사회운동의 사회복지제도화 과정과 결과에 대한 연구: 민관협력 자활사업의 역사를 중심으로**. 서울대학교 석사학위논문.

김수영. (2013). 사회운동조직의 사회복지제도화와 미시저항: 지역자활센터의 사례를 중심으로: 지역자활센터의 사례를 중심으로. **한국사회복지학**,

65(2), 255-285.

김승오. (2001). 자활지원사업을 통해 바라본 민관협력의 평가와 전망. **도시와 빈곤, 50**, 66-83.

김신양. (1999). 제3섹터와 실업대책. **도시와 빈곤**, 39. 5-12.

김영석. (1985). **도시빈민론**. 아침.

김인걸 외. (1998). **한국현대사 강의**. 돌베개.

김태완. 김미곤, 노대명, 김문길, 임완섭, 조성은, ..., 강예은. (2020). **기초생활보장 20주년 기념 사료정리 및 20년사 발간**. 보건복지부, 한국보건사회연구원.

김홍일. (1994). **사회적(새로운) 협동조합과 한국 도시빈민들의협동조합운동**. 생산공동체 연구모임 제3회 세미나(1994.10.13).

노대명, 이인재, 이문국. (2008). **사회서비스 인프라 확충을 위한 중장기 발전방안: 중앙자활센터 역할을 중심으로**. 보건복지가족부.

노대명, 이소정, 김수현, 유태균, 이선우, 손기철. (2010). **자활정책에 대한 평가 및 발전방안**. 한국보건사회연구원 연구보고서.

노인철, 어윤배, 이성기, 김용하, 김미곤, 전학석, ..., 석재은. (1995). **저소득층 실태변화와 정책과제: 자활지원을 중심으로**. 한국보건사회연구원, 삼성복지재단.

대통령기록관. (2024). https://pa.go.kr/portal/search/base/search.do. 2024.09.25. 인출

도시빈민연구소. (1991). **도시민빈연구소 자료집 5. 굴레를 깨고 일어서는 사람들**. (빈민)지역운동 사례집.

박종렬. (1992). **스페인 몬드라곤(Mondragon) 생산자 협동조합에서 배운다**. 기독교도시빈민선교협의회 여름수련회 자료집(1992.8.24-26).

박현채. (1988). 민중과 역사. 유재천 편, 민중. **문학과 지성사**, 131-152.

백학영, 박송이, 이상아, 황명주. (2023). 자활사업 변화에 관한 역사적 제도주의 분석. **비판사회정책**, (78), 179-225.

보건사회부. (1984). **보건사회백서**. 보건사회부.

보건복지부. (1996). **보건복지백서**. 보건복지부.

보건복지부. (1997). **보건복지백서**. 보건복지부.

보건복지부. (1999) **보건복지백서**. 보건복지부.

보건복지부. (1997). **자활지원센터 실적평가 내부자료**.

보건복지부. (2002). **보건복지백서**.

보건복지부. (2004). **자활후견기관 규모별 지원제도 시행계획(안)**.

보건복지부. (2005). **보건복지백서**. 보건복지부.

생활보호법, 법률 제3623호 (1982. 12. 31 개정, 1983. 7. 1 시행), **국가법령정보센터**. https://www.law.go.kr/lsInfoP.do?lsiSeq=1062&ancYd=19821231&ancNo=03623&efYd=19830701&nwJoYnInfo=N&efGubun=Y&chrClsCd=010202&ancYnChk=0#0000에서 8월 6일 검색

생활보호법, 법률 제5360호 (1997. 8. 22. 일부개정, 1998, 7, 1 시행). **국가법령정보센터**. https://www.law.go.kr/LSW/lsInfoP.do?lsiSeq=1063&ancYd=19970822&ancNo=05360&efYd=19980701&nwJoYnInfo=N&efGubun=Y&chrClsCd=010202&ancYnChk=0#0000 에서 2024년 12월 24일 검색

솔 알린스키 외. (1983). **솔 알린스키-생애와 사상 (조승혁 역)**. 현대사상가.

송경용. (2007). **사람과 사람: 송경용 신부의 나눔 그 아름다운 사랑의 이야기**. 생각의 나무.

신명호, 김홍일. (2002). 자활사업의 발자취를 통해서 본 현행. **도시와 빈곤**, 55, 61-76.

심상보. (2011). 일상 아카이브즈를 통한 생활세계 연구의 가능성. **국제한국학연구**, 5, 93-109.

신명호. (2000). 지역공동체운동의 현황과 과제. **사회복지**, 2000 여름호, 49-60.

신명호, 김홍일. (2002). 생산공동체 운동의 역사와 자활지원사업. **동향과 전망**, 53, 6-37.

양연수. (1990). 도시빈민운동의 태동과 그 발전과정. 조희연 편, **한국의 사회**

운동사 - 한국변혁운동의 역사 외 80년대의 전개과정, 서울: 죽산, 223-242.

윌리엄 F.화이트, 캐서린 K.화이트. (1992). **몬드라곤에서 배우자**. (김성오 역). 역사비평사 (Original work published 1988).

윤은하. (2022). 국내 민간기록관리의 체계 수립을 위한 정책 방향성 연구. **기록학연구, 72**, 5-32.

이문국, 김승오, 노대명, 김정원, 이선민. (2009). **자활사업 15주년 기념백서: 자활운동의 역사와 철학**. 한국지역자활센터협의회.

이문국, 김승오, 노대명, 김정원. (2010). **자활운동의 역사와 철학, 자활사업 15년, 협회창립 10년 기념사업 대토론회 자료집**, 9-52.

이상아, 백학영, 황명주, 박송이, 고은새. (2021). **자활사업 변화와 발전방안**. 한국자활복지개발원.

이수진. (2018). **자활사업 시행 이후 자활제도 변화**. 한국사회학회 2018년 정기 사회학대회 학술대회자료. 한국사회학회.

이인재. (2003). 자활사업의 동향과 과제. **동향과 전망, 58**, 102-121.

이호. (1994). **생산협동조합 지도자 교육 제1회**, 교재 선구자들의 발제문 (2994.9.13).

정책위원회. (2007). **중앙자활센터 설립, 어떻게 채워가고 준비할 것인가**. 정책위원회 2차 자활정책 포럼자료.

정경실. (2001). **국민기초생활보장제도의 집행에 관한 연구**. 서울대 행정학 석사학위 논문.

정경희, 강혜규, 조성은, 강은나, 고숙자, 신윤정, …, 안형석. (2020). **보건복지정책의 연가적 전개와 국책연구기관의 역할: 한국보건사회연구원 사례를 중심으로**. 한국보건사회연구원.

조경식. (2019). 한국의 자활사업 제도화에 관한 연구. **한국행정사학지, 45**, 24-50.

조경식. (2011). 한국의 시대별 자활복지행정에 관한 연구: 자활사업 제도화 이전을 중심으로. **한국행정사학지, 28**, 203-235.

조은상. (2009). **일자리 창출을 위한 몬드라곤 협동조합 복합체의 사례**, 한국직업능력개발원.

지규옥, 김흥주. (2016). 자활사업 정책변동과정의 거버넌스 변화에 관한 연구. **비판사회정책, 51**, 326-367.

참여연대. (1998). **참여연대사회복지위원회 긴급제안 IMF시대-고실업사태의 사회적 대안 토론회**, 1998년 3월 4일.

충북인뉴스. (2006). **보릿고개 넘기 위해 너도나도 취로사업**. https://www.cbinews.co.kr/news/articleView.html?idxno=25669). 2024. 10. 31. 인출.

한국도시연구소. (1999). **지역주민운동 리포트**.

한국보건사회연구원. (1995). **제3차 정책협의회 자료: 저소득층의 실태변화와 정책과제**.

한국보건사회연구원. (2024). **KIHASA 디지털 역사관**. https://www.kihasa.re.kr/history/home/main/main.do. 2024. 12.18 인출

한국자활복지개발원. (2024). **한국자활복지개발원 아카이브 홈페이지**. https://kdissw.or.kr/board.es?mid=a10401010000&bid=0006. 2024. 10.5 인출

한국지역자활센터협회. (2024). **한국지역자활센터 아카이브 홈페이지**. https://www.jahwal.or.kr/bbs/board.php?bo_table=public_data&Page=p05c01. 2024. 10. 6 인출

한국지역자활센터협회. (2010). **전국 자활사업 5대표준화사업 매뉴얼**, 한국자활복지개발원 홈페이지. https://www.kdissw.or.kr/cssfCenter.es?mid=a10104010000에서 2024년 4월 8일

한국지역자활센터협회. (2021). **자활사업과 함께한 25년! 더불어 살아온 우리들의 이야기**. 한국지역자활센터협회.

행정자치부. (1999). **행정자치부 내부자료(1999년 1월)**.

황덕순. (2014). **한국의 고용복지 연계정책의 역사와 전망**. 금현섭외 고용노동정책의 역사적 변화와 전망. 서울대학교 출판부.

Bearman, David. (1992). Documenting Documentation. *Archivaria*. vol.34. Summer 1992. 33-49.

Bibliothèque nationale de France. (2024). https://www.bnf.fr/fr/le-mois-de-leconomie-sociale-et-solidaire-comprendre-reflechir-agir-biblio-filmographie-novembre. 2024.10.3. 인출

Brand, A., Daly, F., and Meyers, B. (2003). *A Guide for Publishers: Metadata Demystified*. The Sheridan Press and NISO Press.

Cedias Musee Social. (2024). https://www.cedias.org/index.php?opac_view=3 2024.09.03. 인출

Cook, T. (2011). The archive (s) is a foreign country: historians, archivists, and the changing archival landscape. The *American Archivist, 74*(2), 600-632.

Derrida, Jacques. (1995). *Mal d'Archive: une impmsion freudienne*. Editions Galilee.

Foucault, M. (1969). *The archaeology of knowledge—l'archéologie du savoir*. Trans. AM Sheridan Smith.

HM Government. (2009). *Archives for the 21st Century*, presented to Parliament by the Lort Chancellor and Secretary of State for Justice by Command of Her Majesty. November 2009.

ICA. (2004). Principles for Archives and Record Legislation. International Council on Archives.

Jenkinson, Hilary. (1922). *A Manual of Archive Administration*. Percy Lund, Humphries & Co. Ltd.

La Fédération des Entreprises d'Insertion. (2024). www.lesentreprises dinsertion.org/ressources/documentations/. 2024. 10.5 인출

Lučić, Iva. (2023). Making Sense of Archives: An Introduction. *Comparative Southeast European Studies*. Jan. 2023. 1-18.

National Archives and Records Administration. (2024). https://aad.

archives.gov/aad/. 2024.09.28. 인출

National Archives of Japan. (2024). https://www.archives.go.jp/english/gettingstarted/access.html. 2024. 10.3 인출

Millar, Laura A. (2017). *Archives : principles and practices. 2nd edition.* Facet Publishing.

O'Neill, Hugh et. al. (2020). *Guide to Archiving Electronic Records. edition 2.* Health Science Record & Archives Association.

Suter, John W. (2003). *Documentation Basics: A Guide to Planning and Managing Documentation Projects.* New York State Archives. Publication Number 79, 1-79.

The Library of Congress. (2023). *MARC STANDARD.* https://www.loc.gov/marc/ 2024. 10.21 인출

The National Archives. (2016). *Archive Principles and Practice: an introduction to archives for non-archivists.* Crown Copyright

The National Archives(UK). (2024). https://www.nationalarchives.gov.uk/search/. 2024.10.2. 인출

University of Southern California Libraries. (2024). https://digitallibrary.usc.edu/Archive/Oral-Histories-2A3BF1NT47. 2024. 10.8 인출

University of Minnesota. (2024). https://www.lib.umn.edu/collections/special/swha#explore. 2024. 10.6 인출

Abstract

A Study on Building an Archive for the Korean Self-Sufficiency Support Policy

Project Head: Joung, Eun Hee

This study aims to develop an archive that systematically collects, organizes, and preserves historical records related to the Korean Self-Sufficiency Support Policy. Since its inception, this policy has been shaped by contributions from government entities, academia, civil society, and the private sector. The records, which capture critical discussions and decisions, hold significant historical value but are at risk of being lost due to the lack of a structured management system. The archive seeks to collect, classify, and provide open access to these materials, addressing existing gaps and offering resources for policy development, academic research, and program refinement.

The study utilized literature reviews, stakeholder interviews, and discussions among the authors to identify important resources. Data were gathered from various sources, including the National Archives, the National Assembly Library, academic publications, policy reports, and personal donations. Collaborating with organizations such as the Korea Self-Support Welfare Development Institute and the Korea Association of Community Self-Sufficiency Centers aided in identifying and acquiring key resources.

Co-Researchers: No, Dea Myung·Ko, Hyejin·Lee, Sang A·Jo, Bobae

The archive is structured using the Dublin Core metadata standard and comprises 966 records categorized by period. Notably, 8% of the records predate the 1996 pilot program, while the largest portion (25%) derives from 2011 to 2015. The primary target users are policymakers, researchers, and activists. The archive is designed to enhance usability by offering abstract that help users understand each resource and by providing keyword-, year-, and material-type perches to easily locate specific materials. To ensure broad accessibility, it adopts a web-based open access policy, allowing anyone to access it through the Korea Institute for Health and Social Affairs eLibrary. Despite its extensive scope, gaps in early and local materials indicate a need for future improvements

Key words: Korean Self-Sufficiency Support Policy, Working Poor, Dublin Core